ベーシック 語彙意味論

岸本秀樹　于一楽 ［著］

JN076474

A Basic Guide
to Lexical Semantics

ひつじ書房

まえがき

　本書は、言語学に興味を持つ学生を対象にして、語彙の意味に関する基本的な問題のいくつかを取り上げ、できるだけ簡潔でわかりやすい解説を提供することを目的としている。語彙の体系は、語の形態・音韻・意味に及び、それ自体に独自の体系が存在しており、語彙について学ぼうとするならば、まず、その基本的な事実を捉えておくことが必要になる。本書では、語の意味を中心として語彙がどのような体系を持つのかについて解説する。

　本書は 15 章に分かれており、各章において語彙に関する言語事実を項目別に異なる観点から見ている。この手の本で語彙の意味に関する問題をすべてカバーすることはできないために、いくつかの事項の説明は大幅に簡略化している。一方で、興味深いと思われる現象について詳しめに解説をしている部分もある。関連する内容が複数の章に現れ、参照が必要になる場合もあるが、各章は独立した内容になっているので、基本的にはどの章から読み始めてもよい。しかし、全体を読み通すと、語彙の意味に関する基本的な問題を概観し、少なくともどのように語彙の意味が考えられているのかについておおよその方向性がつかめるはずである。

　一歩進んで、関連する現象を見て頭の体操をするのであれば、「考えてみよう」の問いについて各自で考えてみるのもよい。また、語彙意味論についてもっと深く知りたい場合には、本書の最後にある「文献案内」にある文献を読めば、さらに知識を深めるがことができる。語彙意味論を専門的に研究してみたくなった場合には、参考文献に挙げてある文献、さらにその文献に挙げられている文献というように読み進んでいくことも可能である。

　文法の研究と同じく語彙の研究も多岐にわたり、それに応じてさまざまな見方が存在する。どのような研究についても言えることであるが、研究が進んでくると新たな発見があって、これまで正しいと考えられていたことが見直され、まったく異なる考え方で事実を見るようになることがある。特に、複雑な体系を持つことばの研究にはそのような側面が強い。そして、ことばの研究の醍醐味の１つは、突き詰めるといろいろと新たな事実がわかってきたり、異なる視点からものごとを観察すると、同じものがまったく違ったように見えてきたりすることである。語彙の研究についても同じで、研究の進展に従って次々と新しい事実や考え方が出されてきている。語彙(特に語彙の意味)の研究の魅力について本書で少しでも伝えることができればと願っている。

2021 年 2 月
岸本秀樹・于一楽

目次

第 1 章　語彙意味論とは

1.1　心的辞書

　ことばの研究分野の 1 つに意味論がある。その中でも、主に動詞・名詞・形容詞などの**語(word)**の意味を扱う意味論が(本書のタイトルでもある)**語彙意味論(Lexical Semantics)**である。「語の意味」と聞くと、おそらくすぐに頭に浮かぶのは、日本語や英語の辞書(例えば、国語辞典、英和辞典)ではないだろうか。実際、辞書は、意味や用法のわからない語に出会った時にその語の意味・用法を調べることができる便利なものである。そうすると、語彙の意味の研究をすることは、語彙の意味を記述し辞書を作るのがその主な仕事であると想像してしまうかもしれない。語彙意味論の研究にそのような側面があることは否定できないものの、研究が単なる辞書記述に終わるわけではない。それよりは、語彙がどのような意味体系を持っているのかを調べることが主な仕事と言っていいであろう。

　語彙についての具体的な考察に入る前に、言語学の研究対象になる語彙とはどのようなものかについて簡単に考えておきたい。私たちは、何らかの思考を表現する際に、語を組み合わせてまとまった思考を表す文を作る。文は文法規則によって組み立てられるので、文自体を記憶しておく必要はない。しかし、文を作るために使用する語彙については、記憶しておかなければならない。語彙に関する知識を持っていないと、文が作れないからである。私たちの頭の中には、語彙についての知識が蓄えられているところがあり、その知識の総体を**レキシコン(lexicon)**と言う。レキシコンは日本語で「辞書」と訳されることもあるが、ここで言うレキシコンは、通常の意味で使う辞書

(英語では dictionary)とは違い、母語話者の頭の中にある知識を指すのである。そのため、レキシコンは**心的辞書**(mental lexicon)とも呼ばれる。語の意味を探りながら、この心的辞書がどうなっているのかを調べるのが語彙意味論の中心的な研究課題である。

　私たちは、語が表すことができる意味範囲についての知識を共有している。私たちの頭の中にあるレキシコンに登録されている語彙の意味には一定の体系性がある。以下では、語彙に観察される意味の体系性や語彙の規則性についていくつかの事例を考えてみる。

1.2　語彙の意味クラスと生産性

　私たちの身近にあることばの例として、ここでは着用の動作を表す表現に着目してみる。日本語には、着用を表す「履く」「被る」「着る」などの動詞がある。それぞれの動詞がどのようなものを目的語としてとるかについては、いくつかの制限がある。

（1）a. ｛靴／ズボン｝を履く。
　　 b. ｛帽子／お面｝を被る。
　　 c. ｛和服／上着｝を着る。

日本語では、着用場所(身体部分)により(1)のように動詞が区別される(英語の場合は、どれも put on（着る）や wear（着ている）のような動詞を使用する)。「履く」には「足につける／足を通して下半身につける」という意味があるために、(1a)の表現が可能である。「被る」は「頭部や顔を覆う」という意味があるので、(1b)の表現が可能である。「着る」は「衣服で体全体あるいは上半身を覆う」という意味があるために(1c)の表現が可能である。これに対して、(2)のような文はおかしく感じられる(例の前の*印は容認されないことを示す)。

（2）a. *{ズボン／靴下} を着る。

　　b. *{腕時計／手袋} を被る。

　（2）がおかしく感じられるのは、動詞が本来とることができる目的語とは異なる目的語が現れているからである。（2）の中には、「靴下を被る」のように常識的に考えると奇妙な行動をしているととれるような場合もあるが、（2）の表現が通常とは異なる奇妙な表現であることには変わりがない。（1）と（2）の事実は、どのような着用物がどのような動詞と合致するかを私たちが的確に判断できることを示している。

　身につける物については、（1）と異なる表現を用いる場合もある。例えば、「ネクタイ」「マスク」「指輪」などについては、どのように身につけるかによって「ネクタイをしめる」「マスクをつける」「指輪をはめる」のように異なる動詞で着用を表現することも可能である。それ以外にも、動詞「する」を用いて、（3a）のように身体の状態について述べる表現を作ることもできる。

（3）a.　彼は {青いネクタイ／マスク／ダイヤの指輪} をしている。

　　b. *あの人たちは {上着／ズボン／靴／帽子} をしている。

　　c.　彼女は {青い目／赤い髪／いい耳} をしている。

　日本語の「する」は、活動・動作の意味を表す動詞で、英語の動詞 do に対応する。「する」が「身につける」という意味を表す場合には、（3a）と（3b）の対比から、装飾品を目的語にとることはできるが、（なぜか）衣類と認定されるものは目的語にとれないことがわかる。「目」や「髪」のような身体部分を指す語の場合には（3c）のように表現することもできる。（3）の構文に関しては、目的語の種類（衣服・衣服以外で身につけるもの・身体部分という区別）によって構文の成否が異なるのである。

　上のような例から、私たちは、どのような動詞がどのような目的語をとるのか、そして、どのような名詞がその範疇に入るのかに関する知識をもっていることがわかる、さらに、このことから、私たちは、語彙（動詞・名詞・形容詞など）には一定の意味クラスがあり、まとまった振る舞いをする語彙

についての知識を共有していることがわかる。

　私たちは、これまで聞いたことがない新しい語を作りだすこともある。特に、語と語を組み合わせて、複雑な語（「複合語」）を作り出す規則は、かなり生産的である。複合語を作る最も基本的な規則は、語と語を組み合わせる順番があって、意味がその組み合わせの順番に従い、組み上げられ、全体の意味が決まるというものである。(4)の例を考えてみよう。

（4）　女性週刊誌編集長

話を簡単にするために、(4)は、複雑な語が「女性」と「週刊誌」と「編集長」という語から出来上がっているとする（それぞれの語をさらに細かく分けることも可能であるが、ここではそのことを考えないことにする）。(4)の3つの語からなる複合語「女性週刊誌編集長」には、「女性週刊誌の編集長」という意味と「女性の週刊誌編集長」という少なくとも2つの異なる意味がある。

（5）　彼は日本で唯一の女性週刊誌編集長だ。

「女性週刊誌編集長」が1つ目の意味を表していると、主語が「彼」となっている(5)の文は、意味的に矛盾しない。しかし、2つ目の意味を表していると、意味的な矛盾が生じる。「彼」は女性を指すことになるからである。

　「女性週刊誌編集長」の意味は、3つの語「女性」と「週刊誌」と「編集長」がどのように組み合わされるかによって決まる。1つ目の意味の「女性週刊誌の編集の責任者をしている編集長」は、まず「女性」と「週刊誌」が組み合わされて、女性のための週刊誌である「女性週刊誌」という語が作られ、その後に「編集長」が組み合わされることによって作られる。「女性週刊誌の編集長」という意味を表すための組み合わせの順序を線でつないで表すと、(6)のようになる。

（6）

女性　週刊誌　編集長

それでは、2つ目の「女性の週刊誌編集長」という意味はどうであろうか。この場合には、まず、「週刊誌」と「編集長」が組み合わされて、週刊誌を編集する責任者である「週刊誌編集長」という語が先に作られる。その後に、性別を区別する語の「女性」が組み合わされ、「女性週刊誌編集長」ができる。この場合の組み合わせの順序は、（7）のようになる。

（7）

女性　週刊誌　編集長

このように、語の組み合わせ方によって、同じ表現であっても異なる意味を持つようになるのである。

　（6）と（7）から、語の組み合わせには一定の規則があり、この組み合わせの規則から語の意味を決定することができることがわかる。さらに、この組み合わせの規則に従っていれば、（8）のようにさらに複雑な語を作ることもできる。

（8）a.「女性週刊誌編集長」＋「補佐」

　　　　　　　→「女性週刊誌編集長補佐」

　　b.「女性週刊誌編集長補佐」＋「採用」

　　　　　　　→「女性週刊誌編集長補佐採用」

　　c.「女性週刊誌編集長補佐採用」＋「調書」

　　　　　　　→「女性週刊誌編集長補佐採用調書」

私たちは、このような語の組み合わせに関する規則を共有しているために、複雑な語を次々と作っていったり、語の組み合わせから生じる意味の違いを

即座に判断したりできるのである。

　もちろん、英語でも複雑な語を作ることができる。例えば、grandmother（おばあさん）に great を付けると great-grandmother（ひいおばあさん）になり、さらに、great を付けていくと、より複雑な語を作っていくこともできる。

（ 9 ）a.　great-grandmother

　　　b.　great-great-grandmother

　　　c.　great-great-great-grandmother

　　　d.　... great-great-great-grandmother

このタイプの語形成は、きわめて規則的であるため、規則に従って語を加えていけば次々とより複雑な語を作っていくことができる。日本語にも同じような規則があり、(10)のように続けていくことができる。

(10)a.　ひいおばあさん

　　　b.　ひいひいおばあさん

　　　c.　ひいひいひいおばあさん

　　　d.　…ひいひいひいおばあさん

great や「ひい-」を付ける語形成では、作られた語を実際には聞いたことがなくても、great や「ひい-」の数をかぞえれば何代前のおばあさんであるかを簡単に計算することができる。

　従来、レキシコンは、文法では扱えない(つまり、規則性のない)語彙に関する記述をする、いわば「ゴミ箱」であると考えられていたことがあった。しかしながら、実際には、上で見たように、語彙の意味には一定の意味クラスが存在し、クラスに特有の振る舞いが観察される。また、複雑な語も一定の規則に従って作られる。このことは、私たちの頭の中にあるレキシコンに登録されている語彙に整然とした体系性が存在することを如実に物語っている。語彙意味論はそのようなレキシコンに登録される語彙の体系(特に、意味との関わりにおける語彙の体系)についての研究を行う分野なのである。

考えてみよう

★「被る」と「着る」は、衣服以外にもさまざまな目的語をとることが
でき、「ほこりを被る／*着る」「水を被る／*着る」「責任を被る／
*着る」「恩に*被る／着る」のような対立が現れる。この場合に、2
つの動詞はどのように使い分けられるのだろうか。考えてみよう。

★着衣物と「する」が組み合わせられた表現は、「彼は赤いネクタイを
している」「彼はネクタイをしている」のペアからわかるように、形
容詞は必ずしも必要ではない。しかし、「彼は適切な服装をしている」
から形容詞を取り除くと「*彼は服装をしている」のように不適格な
表現になる。なぜだろうか。考えてみよう。

第2章　語の意味関係

2.1　同音異義語と多義性

　（しばしば**語彙素(lexeme)**とも呼ばれる）**語(word)**は、独立した意味・形態・音形を持つが、語と語には何らかの意味的な関連が見られることがある。元来、意味が異なる別の語であっても、たまたま音形が同じになることがある。例えば、(1)では、綴りや発音が同じ bear が現れているが、(1a)と(1b)では bear の表す意味が異なる。

(1)a.　The hunter caught the bear in the woods.

　　 b.　They must bear his interference.

(1a)の bear は名詞で動物の「クマ」を表す。(1b)の bear は動詞で「我慢する」という意味を表す。この2つの bear という語は、たまたま発音が同じであるが、意味はまったく異なる。このような語は、**同音異義語(homonyms)**と呼ばれる。

　英語の同音異義語では、音形が同じでも綴りが異なることがある。そのような英語の同音異義語には、例えば、(2)のようなものがある。

(2)　ant(アリ)/aunt(叔母)、gorilla(ゴリラ)/guerrilla(ゲリラ)、

　　　　right(正しい、右)/write(書く)/rite(儀式)、

　　　　night(夜)/knight(騎士)、meet(会う)/meat(肉)、

　　　　air(空気)/heir(相続人)、stationary(動かない)/stationery(文房具)、

flower（花）/flour（小麦粉）、etc.

日本語の同音異義語はかなり多い。(3)にいくつか例を挙げておく。日本語の同音異義語は、発音は同じでも異なる漢字が当てられるので、容易に区別することができる。

（3）　洗濯／選択／宣託、階段／会談／怪談、賛同／参道、蛸／凧、
　　　　汚職事件／お食事券、小太りじいさん／瘤取りじいさん、など

日本語の同音異義語を端的に示す例として、(4)の立て札の文言にまつわる一休さんの有名なエピソードを挙げることができる。

（4）　このはし渡るべからず

(4)は、橋を渡ることを禁ずるという意図で橋のそばに立てられていた立て札である。しかし、一休さんは、「このはし渡るべからず」と書いてある立て札を見たにもかかわらず、堂々と橋を渡った。なぜであろうか。(4)の「はし」が「橋」であって、その看板の指示を守らなければならないならば、一休さんは橋を渡ることができないはずである。しかし、「はし」を「端」であると考えることによって、橋の中央を堂々と渡ったのである。一休さんは、立て札に書かれた「はし」に「橋」と「端」の2通りの解釈があること(つまり、この2つが同音異義語であること)を利用して、橋を渡ったわけである。

　日本語には、同音異義語が多いが、「上る／登る」「計る／測る」「固い／堅い／硬い」などのように、異なる漢字が当てられていても、関連する語であることがある。あるいは、もともと同じ語であっても少し意味が異なると、別の漢字が当てられることもある。したがって、語に割り当てられる漢字が異なるからといって、必ずしもすべての語が同音異義語になるわけでないことにも注意が必要である。

　同音異義語は、異なる意味を持ち、たまたま同じ音形を持っている2つ

以上の語を指す。しかし、1 つの語がいくつかのはっきりと区別される 2 つ以上の異なる意味を表すこともあり、そのような語は**多義的(polysemous)**であると言う。例えば、apple は、(5a)のように、もともとリンゴの果実を指すが、(5b)の例が示すように、リンゴの木を指すこともできる。

(5)a.　Mary ate some apples.

　　b.　Mary planted some apples.

すべてではないにしても、多くの多義性は、**メトニミー（metonymy)**に基づくと考えられている(メトニミーは、修辞学の修辞法の一種で、隣接性や近接性に基づき、語の意味を拡張する比喩で、「換喩」と呼ばれることもある)。(5)の apple は、メトニミーによる意味拡張により多義的に使用される例の 1 つになる。それ以外にも、例えば、「永田町」という語がある。「永田町」はもともと国会がある地名であるが、これが転じて、日本の「国会」を表すようにも使われる。この場合の「永田町」が表す「国会」という意味もメトニミーによる拡張の結果により生じたと考えられる。

　多義語(polyseme)は、日本語にも英語にも多数存在する(実際には、ほとんどどのような**内容語(content word)**でも多義的に使用することができる)。日本語では、(6)で示されているように、「八百屋」という語は人間を表すことも(野菜を売るという商売が行われている)建物を表すこともできる。

(6)a.　さっき商店街で八百屋さんを見かけた。

　　b.　この商店街には八百屋はない。

(6a)では、「八百屋」が八百屋の店主(人間)を表し、(6b)では、「八百屋」が八百屋というお店(建物)を表すという多義性が観察される。「八百屋」の場合、建物の名前が、職業やその職業の人物を表すように意味が拡張されたと考えられる。(「寿司屋」「魚屋」「電気屋」のような例からもわかるように、このタイプの多義性は、「〜屋」の形を持つ名詞に観察される。)

2.2　類義語

　英語なら speak/talk, choice/selection, 日本語なら「話す／言う／しゃべる」「あがる／のぼる」「興味／関心」のように、形は異なるがほぼ同じ意味を表す一群の語が存在する。このような語は**類義語(synonym)**と呼ばれる。ある文脈において 2 つの語が論理的な意味を変えることなく入れ替えが可能であれば、この 2 つの語は類義語と認定できる。例えば、「触れる／触る」は、英語では、touch に相当する意味を表す。(7)のような文では、意味を変えることなく入れ替えが可能なので、「触れる／触る」は類義語である。

（ 7 ）　子供が電線に{触れた／触った}。

ただし、完全な類義語(意味が完全に同じになる類義語)は、おそらく存在しないと思われる。実際、「触れる／触る」は、(7)の例では、どちらの動詞を使っても論理的な意味は同じであるが、(8)の場合には、片方の動詞しか意図する意味を表すことができない。

（ 8 ）a.　車体がガードレールに{触れた／*触った}。
　　　b.　法律に{触れた／*触った}。

(8a)のように意図的な行為を行うことができない主語が現れる場合、「触れる」は可能でも、「触る」は不可能である。つまり、「触る」は、「触れる」とは異なり意図的な行為の意味しか表せないのである。また、(8b)の「触れる」の目的語は「法律」なので、この「触れる」は「違反する」という意味で用いられている。しかし、「触る」はこの意味では使用することができない。このように、類義語は、(ある文脈において)意味が同じであるように見えても、実際にはカバーできる意味の範囲が異なっていたり、ニュアンスが違っていたり、使用されるコンテクストが異なったりする。
　語種により異なる類義語が存在することもある。日本語には、和語・漢語・外来語の**語彙層(lexical stratum)**があり、例えば、「くだもの(和語)

／果実(漢語)　／フルーツ(外来語)」のように、それぞれの語種(語彙層)で
類義語が見つかることも多い。英語では(フランス語、イタリア語などが属
する)ラテン語系の語彙と(ドイツ語、オランダ語などが属する)ゲルマン語
系の語彙がある。類義語にもこれらの語彙層の違いが反映されたものがあ
り、例えば、類義語の help/assistance, rise/ascend は、ゲルマン語系の語彙
(help, rise)とラテン語系の語彙(assistance, ascend)に分かれる。もちろん、語
彙層によって対立する類義語も、それぞれがまったく同じ意味を表すわけで
はなく、カバーできる意味の範囲が異なっていたり、ニュアンスの違いが
あったりする。

2.3　反義語

「生／死」「高い／低い」「上がる／下がる」のように、反対の意味関係に
ある語は**反義語**(antonym)と呼ばれる。反義語は、語が表す意味関係に
よって**相補的**(complementary)なものと**尺度的**(scalar)なものに分かれ
る。

(9)a.　相補的：dead/alive、outside/inside、「生／死」「出席／欠席」
　　　　　　　「生物／無生物」「有限／無限」、など
　　 b.　尺度的：big/small、hot/cold、「高い／低い」「広い／狭い」
　　　　　　　「熱い／冷たい」、など

(9a)の相補的な反義語とは、「A でなければ B である」あるいは「B でなけ
れば A である」という関係が成り立ち、かつ、2 つの語の間に中間段階が
ないものである。例えば、ある人物が生存しているならば、その人物は必然
的に死亡していないことになり、中間的な段階は存在しない。これに対し
て、(9b)の尺度的な反義語では、連続的な尺度における反意を表し、中間
段階が存在する。例えば、「広い／狭い」においては、「広くもないし、狭く
もない」という中間段階が存在してもよい。
　ちなみに、中間段階が存在する尺度的な反義語の heavy/light では、how

による疑問文を作ることができる。

(10)a.　How heavy is it?

　　b.　How light is it?

(10a)の疑問文は、重さを聞く通常の疑問文である。しかし、(10b)の疑問文が使用できる文脈は、「軽さ」がわかっていて、それがどの程度の軽さであるかを聞くというような場合に限られる。heavy と light のような反義語では、heavy が light より中立的な意味を表すからである。同様に、通常の文脈で年齢を聞く時は How old are you?、背を聞く時は How tall are you?、深さを聞く時は How deep is this lake? のように、old/tall/deep を用いて表し、young/short/shallow は用いない。

　その他、反義語に似たものとして、husband/wife, doctor/patient,「親／子」などのように、**反対(converse)**の関係を表す語もある。例えば、「親／子」は、「A が B の親であれば B は A の子である」という反対の関係が成り立つ。相対的な場所を指す語も反対を表す語となりうる。例えば、「上り坂／下り坂」も反対の関係を表すが、同じ坂を指すことができる。同じ坂でも、上っていく際には、「上り坂」、下っていく際には「下り坂」になるのである。また、buy/sell や「売り／買い」のような反対の行為は、同じ出来事であっても、売り手の立場に立つか買い手の立場に立つかで使用される語が変わってくる。

2.4　上位語・下位語と部分語・全体語

　語の意味関係として、**下位語(hyponym)**と**上位語(hypernym)**の区別を考えることもできる。具体的には、2 つの語 X と Y の間に、「X は Y の一種である(X is a kind of Y)」という意味関係が成立する場合、X は Y の「下位語」と呼び、逆に、Y は X の「上位語」と呼ぶ。例えば、「犬」と「ブルドッグ」を比べてみると、「ブルドッグ」は「犬」の一種と言えるので、「犬」は「ブルドッグ」の上位語となる。逆に、「ブルドッグ」は「犬」の下位語

となる。

　下位語と上位語の関係は相対的である。「ブルドッグ」の上位語であった「犬」を「動物」と比べると、「犬」は「動物」の一種となる。したがって、「犬」は「動物」の下位語となり、「動物」は「犬」の上位語となる。このことをもう少し体系的に示すと、(11)のように上位語と下位語の関係を表すことができる。

(11)

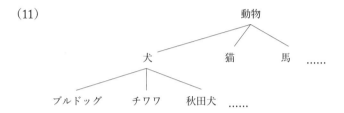

(11)では、直線で結ばれている語(例えば、「動物 - 犬 - ブルドッグ」)が上位語と下位語の関係にある。これに対して、「犬」「猫」「馬」あるいは「ブルドッグ」「チワワ」「秋田犬」のように同列に並ぶ語は、**同位語(co-hyponym)**である。

　上位・下位の関係と類似しているが、区別されるべき関係として**部分・全体の関係(meronymy)**を挙げることができる。2 つの語の X と Y において、「X は Y の一部である(X is a part of Y)」という関係が成り立てば、Y は X の**全体語(holonym)**であると言う。逆に、X は Y の**部分語(meronym)**であると言う。具体例を挙げると、hand/finger, book/page,「車／ハンドル」「顔／鼻」のような語のペアは、全体・部分の関係を表している。先の定式にあてはめると、「ハンドル」は「車」の部分であるとみなされるので、「ハンドル」は「車」の部分語で、「車」は「ハンドル」の全体語となる。

考えてみよう

★ 「<u>缶</u>入り<u>ジュース</u>」「<u>毒</u>入り<u>ジュース</u>」「<u>2リットル</u>入り<u>缶</u>」「<u>嫁</u>入り<u>道具</u>」「<u>箱</u>入り<u>娘</u>」「<u>サイン</u>入り<u>色紙</u>」「(政府の)<u>肝</u>入り<u>事業</u>」の中に現れる下線が引かれた2つの名詞の意味関係がどのようなものであるか、考えてみよう。

★ 「高い vs 低い／安い」「降りる vs 上がる／乗る／昇る」「熱い vs 冷たい／ぬるい」などのように、1つの語に対して複数の反義語がある場合がある。どのような場合にこのような複数のペアが成立するのか、考えみよう。

第3章　語と語の合成

3.1　複合語

　「寝台」と「列車」を組み合わせて「寝台列車」という語を作るように、語と語を組み合わせて複雑な語を作ることがある。「寝台」と「列車」はそれぞれ単独でも使用可能な語である。独立して使用できる語が組み合わさって作られる複雑な語は**複合語**(compound あるいは compound word)と呼ばれる。そして、複合語を形成する操作は**複合**(compounding)と呼ばれる。それぞれの語はそれ自体の意味を持つが、複合語が形成されると、語と語の組み合わせによって一定の意味が生じる。

　語を複合して作られた複合語で得られる意味関係は恣意的に決まるのではなく、いくつかの法則が当てはめられることによって決まる。このことを見るために、(1a)の英語の例と(1b)の日本語の例を見てみよう。

(1) a.　arm ＋ chair → armchair
　　　 b.　青色＋ダイオード　→　青色ダイオード

(1a)では、arm（腕）と chair（椅子）という語があり、これらの語が複合されると、armchair（肘掛け椅子）という複合語が形成される。日本語も同様である。(1b)では「青色」と「ダイオード」が複合して複合語「青色ダイオード」が形成される。

　複合語の意味に関するかなり一般的な事実として、複合語全体の意味は、個々の語の意味から推測することができるということが挙げられる。例え

ば、(1a)の armchair（肘掛け椅子）が表す意味は、arm（腕）と chair（椅子）が表す意味を合成することによって「肘掛け椅子」という全体の意味が得られる。(1b)の「青色ダイオード」の意味は、「青色」と「ダイオード」の意味を合成することによって得られる。このように、複雑な表現の意味は、その表現を構成する部分の意味を総和することによって構築される。これは、意味解釈における一般的な原則であり、このような意味構築の原理は**合成性の原理（Principle of Compositionality）**と呼ばれる。

　(1)の複合語は、複合語全体において主要な働きをする（中心的な要素である）**主要部（head）**とそれ以外の**非主要部（non-head）**に分けることができる。(1a)の armchair（肘掛け椅子）は、arm（腕）の種類ではなく chair（椅子）の種類を表している。このことは、複合語の armchair（肘掛け椅子）では、chair が armchair の主要部として働き、arm が非主要部要素として chair を修飾（限定）するために、複合語全体では椅子の種類を表すことを示している。同様に、(1b)の「青色ダイオード」についても複合語全体では、色の種類ではなく、ダイオードの種類を表していることから、「青色ダイオード」では「ダイオード」が主要部で、「青色」が修飾要素（非主要部）であることがわかる。armchair や「青色ダイオード」のように内部に主要部を含む複合語を**内心複合語（endocentric compound）**と言う。

　armchair や「青色ダイオード」の例では、右側要素が主要部となっている。複合語では、右側に現れる語が主要部であることが多い。このことは(2)のような例を見るとわかりやすい。

（2）a.　light <u>house</u>　（灯台）　　　b.　<u>house</u> dust　　（家の埃）

　　　　 coffee <u>house</u>　（喫茶店）　　　　 <u>house</u> wine　　（ハウスワイン）

　　　　 hen <u>house</u>　　（鶏小屋）　　　　 <u>house</u> husband（専業主夫）

(2a)においては、右側の語が house で、左側の語が light（灯台）、coffee（コーヒー）、hen（鶏）と変化しているが、全体としては、結局、家屋(house)の種類を表している。これは、左側の語が修飾語となって、右側の house の種類を限定しているということである。他方、(2b)のように、左側に house

が現れている複合語では、house が dust（埃）、wine（ワイン）、husband（夫）の種類を指定しているのであって、家屋の種類を指定しているわけではない。これは、複合語の左側に現れる house が修飾語として右側に現れる語の表す範囲を限定し、右側の語が主要部として働いているからである。英語や日本語の複合語においては、右側に主要部が現れるという規則があり、このような規則は**右側主要部の規則（Righthand Head Rule)**と呼ばれる。

　複合語の右側の語が主要部であることは、個々の語の品詞と複合語の品詞を比べることによってわかることもある。例えば、hard disk という複合語は、左側の hard が A（= Adjective）として表される形容詞で、右側の disk が N（= Noun）として表される名詞である。複合語 hard disk 全体は名詞として機能する。これは、部分として現れる語の品詞が異なる hard disk のような複合語では、右側にある語 disk の品詞が全体の品詞を決めるということである。この事実は(3)のように示すことができる。

（3）

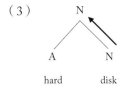

(3)の矢印は、右側要素の disk の名詞(N)の性質が複合語へ受け継がれることを示している。このような**受け継ぎ(inheritance)**が起こると、複合語全体が主要部と同じ名詞(N)として機能することになる。

　英語や日本語においては、(1)や(2)のタイプの複合語(内心複合語)が最も一般的なものである。その一方で、主要部が存在しない複合語もある。例えば、(4)のような例がこれに当たる。

（4）a.　pick + pocket → pickpocket
　　　b.　やぶ（藪）+ へび（蛇）→　やぶへび

(4a)では、pick（拾い上げる）と pocket（ポケット）、(4b)では、「やぶ」と

「へび」が複合され、それぞれ、pickpocket（スリ）と「やぶへび」という複合語が形成されている。(4)に挙げた例は複合語という点では(1)の例と同じであるが、語と語の間の関係は同じではない。pickpocket は、pick（拾い上げる）と pocket（ポケット）という語から成り立っているが、それぞれの語の意味とは独立に、「スリ」という意味を表す。つまり、pickpocket は、pick という行為の種類（下位分類）を表すわけでも、pocket の種類（下位分類）を表すわけでもないのである。日本語の「やぶへび」も同じで、「やぶへび」は、やぶ(藪)の種類（下位分類）を表すわけでも、へび(蛇)の種類（下位分類）を表すわけでもない。そうではなく、「やぶへび」は、内部の 2 つの語「やぶ(藪)」と「へび(蛇)」の意味とは関係なく、「余計なことをしたのが原因で思わぬ災難を被ること」という意味を表す。このことは、pickpocket や「やぶへび」には、主要部と呼べる要素がないことを示している。pickpocket や「やぶへび」のように主要部を持たない複合語は**外心複合語(exocentric compound)** と呼ばれる（また、（サンスクリット文法の用語に由来する名称として）**異機能複合語(bahuvrihi compoud)** という用語が用いられることもある）。このタイプの複合語はそれほど多くないが、例えば、英語には(5a)、日本語には(5b)のような例がある。

（5）a.　lazybones（怠け者）、cut-throat（人殺し）、spoilsport（興ざめな人）、redneck（米国南部の貧しい白人）、highbrow（知識人）

　　　b.　やきもち（<「焼き」+「餅」）、ネコババ（<「猫」+「糞」）、ししおどし（<「鹿」+「脅し」）、やじ馬、水虫、熊手、空き巣、ウミネコ

外心複合語は、複合語全体の部分を構成する要素の意味を合成した意味を持つのではなく、部分とは関係のない意味を持っている。つまり、外心複合語は、合成性の原理には従わない意味を持つ複合語なのである。

　その他にも、(6)のように、語と語を対等な立場で組み合わせることで出来上がる複合語もある。

（6）a.　Parent + Teacher + Association → Parent-Teacher Association

　　b.　売り＋買い　→　売り買い

（6a）の Parent-Teacher Association（PTA）は、parent（親）と teacher（先生）と association（協会）という 3 語が複合して形成された複合語である。（6b）では「売り」と「買い」が複合して「売り買い」という複合語が作られている。（6a）の Parent-Teacher Association（PTA）の Parent-Teacher の部分と（6b）の「売り買い」は、（主要部がある）内心複合語でも（主要部がない）外心複合語でもない。Parent-Teacher の parent と teacher は対等な関係（**等位関係**）にあり、どちらがより重要な主要部であるかは決められない。「売り買い」においても同様で、「売り」と「買い」のどちらが主要部であるかは決められない。（6）のように、語と語を対等な立場で組み合わせて出来上がる複合語は、**等位複合語（coordinative compound）**と呼ばれる（また、「**並列複合語（dvandva compound）**」と呼ばれることもある（dvandva はサンスクリット語で、dva は two の意味を表す））。日本語には（7）に例示しているように、この等位複合語が豊富である。英語の等位複合語の例としては、例えば、mother-child, Austria-Hungary がある。

（7）　男女、親子、左右、生死、天地、松竹梅、行き帰り、など

等位複合語においては、内部要素が並列的に並んでいて、内部要素の意味の組み合わせで全体の意味が決まる。そのため、左右のどちらの語が意味的に重要かは決められない。それでも、等位複合語の内部要素の順序は固定されていることがきわめて多い。例えば、等位複合語「行き帰り」はこの順序で固定されており、「*帰り行き」にはならない。ただし、「生死」は後に「観」が続くと「死生観」となる。

3.2　意味の特殊化

　独立する語と語が複合され複合語が合成されると、合成性の原理が必ずし

も守られず、複合語が本来表していてもよいはずの意味とは異なる意味で用いられるようになることがある。このような意味の変化は**意味の特殊化 (specialization of meaning)**と呼ばれる。意味の特殊化は複合語に起こることが多く、そのような場合、複合語とそれに対応する句の表現の表す意味範囲が異なってくる。「白い紙」という句の表現と複合語の「白紙」を用いてこのことを考えてみよう。

（ 8 ）a.　その学生は先生に<u>白い紙</u>を渡した。
　　　 b.　その学生は先生に<u>白紙</u>の答案を渡した。

句の表現である(8a)の「白い紙」は、文字通り白い色の紙を表す。一方、(8b)の「白紙」は、答えがまったく書き込まれていない紙という特殊化した意味を表す。「白紙」の場合、実際の色とは関係がないので、例えば、「黄色い白紙の答案用紙」のような表現を作っても意味的な矛盾は起こらない。
　同様の例として、支出が収入や予算より多くなることを表す「赤字」や芝居が下手な役者を表す「大根役者」のような表現がある。「赤字」は、もともと支出が収入を上回ってしまう時に出納簿に数字を赤で書いたことに由来するが、現在では、慣習的に「赤字」という語が用いられているだけで、赤字の際に実際に出納簿に書かれる字は赤くなくてもよい。「大根役者」の場合も同様に、「下手な役者」と「大根」に直接の関係はない。英語でも似た例が観察され、ham actor は、日本語の「大根役者」に相当する意味を表す。
　この他にも、動詞などの述語をもとに作られる複合語においても慣習的な意味が生まれることがある。

（ 9 ）a.　John is a theatergoer.
　　　 b.　John went to the theater.

(9a)の theatergoer は、theater（劇場）と goer（行く人）という 2 つの語から作られている複合語である。theatergoer は、単に劇場に行く人という意味を表すのではなく、よく劇場に芝居を観に行く人を表す「芝居通」という特殊

化した意味を表す。一方、(9b)では、John が劇場に行ったという事実を記述しているだけである。この場合、John は、単に劇場に行っただけなので、芝居通である必要はない。(芝居などは見ずに) John が単にトイレを借りに劇場に行ったとしても(9b)の文は成立する。

3.3　動詞由来複合語

　全体が名詞として機能する複合語の中には、動詞に由来する語を主要部要素にして作られるものがある。英語では、動詞に動名詞を作る -ing や、人を表す -er が付いたりして名詞が作られる。このような名詞は**動詞由来名詞 (deverbal noun)** と呼ばれる。(10)は動詞由来名詞に別の名詞が組み合されて作られた**動詞由来複合語 (verbal compound)** である。

(10)a.　dish washing（お皿洗い）
　　b.　taxi-driver（タクシーの運転手）

動詞由来複合語の主要部は、もともと動詞で、その動詞がどのような要素と組み合わせられるかによって、複合語の左側に現れることができる要素が決まる。最も典型的には、他動詞の目的語が左側の要素になりやすい。例えば、(10a)の dish washing では、wash dishes の dish、(10b)の taxi driver では、drive a taxi の taxi のように動詞の目的語に相当する語が複合語の左側要素として現れている。

　日本語も同様に、動詞から派生された名詞が主要部として働く複合語がある。日本語では、このような複合においては動詞の連体形が名詞として用いられるため、(11)のような複合語が動詞由来複合語となる。

(11)a.　お金儲け
　　b.　靴磨き

(11a)の「お金儲け」の主要部は、動詞「儲ける」に由来する「儲け」であ

り、「お金を儲ける」の目的語に相当する「お金」が左側の要素として現れている。(11b)の「靴磨き」も同様で、左側要素には「靴を磨く」の目的語に相当する「靴」が現れている。

　その他、動詞由来複合語における左側の要素に、付加詞に相当する要素が現れる場合もある。英語では、(12a)の hand-made や(12b)の fast eating のように、made by hand における (by) hand や eat fast（早く食べる）の副詞 fast が複合語の左側要素になったりする。

(12) a.　hand-made（手作り）

　　 b.　fast eating（早食い）

日本語では、(13a)の「遅く咲く」の意味を表す「遅咲き」の「遅」や(13b)の「海で釣る」の意味を表す「海釣り」の「海」のような修飾語が付加詞に相当する要素になる。

(13) a.　遅咲き

　　 b.　海釣り

一般に、動詞由来複合語の主要部の左側に現れる要素は、動詞にもっとも近い位置に現れる要素であるとされ、このような複合に関する制約は、**第一姉妹の原理（First Sister Principle）** と呼ばれる。

考えてみよう

★ 「潮干狩り」「刀狩り」「おやじ狩り」「紅葉狩り」「魔女狩り」「山狩り」「松茸狩り」「兎狩り」「味覚狩り」など、「名詞＋狩り」の形を生産的に作ることができるが、これらの名詞と「狩り」が表す意味関係について考えてみよう。また他にどのような例があるかについても考えてみよう。

★ 「目玉焼き」「たこ焼き」「どら焼き」「炭火焼き」「陶板焼き」「備前焼き」「大判焼き」「広島焼き」「お好み焼き」など、「名詞＋焼き」の形を生産的に作ることができるが、これらの名詞と「焼き」が表す意味関係について考えてみよう。また他にどのような例があるかについても考えてみよう。

第4章　語と接辞からなる語

4.1　派生語

　「寝台列車」のように、独立して使用できる語と語が組み合わされて出来
上がるのが複合語である。しかし、複雑な語が形成される場合、常に、独立
の語だけが組み合わさるわけではない。単独で使用することのできる「語」
以外にも、それ自体では単独で現れることができない**接辞(affix)**があり、接
辞が語に付いて、別の語が作り出されることがある。このような語を作り出
す過程は**派生(derivation)**と呼ばれ、派生によってできた語は**派生語
(derivative)**と呼ばれる。

　接辞のなかでも、例えば、英語の接辞 un-、日本語の接辞「不-／非-」は、
語の前に付いて複雑な語を作るので、**接頭辞(prefix)**と呼ばれる。これら
の接頭辞は、否定的な意味を表すが、その形態的な性質から単独で使用され
ることはなく、別の語に付加することによって初めてその機能を発揮する。

（1）a.　unkind
　　　b.　unbutton
（2）a.　不人気
　　　b.　非常識

(1a)の unkind（不親切な）は、形容詞の kind（親切な）に un- が付加されて
作られ、(1b)の unbutton（ボタンをはずす）は、動詞の button（ボタンをと
める）に un- が付加されて作られている。(2a)の日本語の「不人気」は、名

詞の「人気」に「不-」が付加され、(2b)の「非常識」は、名詞の「常識」に「非-」が付加されて作られている。英語の un-、日本語の「不-／非-」のように、語の意味や品詞を変える接辞は、**派生接辞(derivational affix)** と呼ばれる。

派生接辞が付く語は、**基体(base)** と呼ばれる。派生接辞は、付くことができる要素に対して品詞の制限を課すことが多い。例えば、英語の un- は、上で見たように、動詞や形容詞の基体に付くことができるが、名詞の boy (少年)に付けて *unboy のような語を作ることはできない。同様に、日本語の「不-／非-」にも付加できる基体の品詞に制限があり、動詞に「不-」を付加して「*不食べる」のような語を作ることはできない。

基体に派生接辞が付いて派生された派生語は、基体とは異なる品詞になることがある。例えば、「常識」は名詞であるが、派生接辞「非-」が付いてできた派生語の「非常識」は形容動詞として機能する。このことは、これらの語が名詞に続く際に現れる形を見るとわかりやすい。

(3)a.　常識の範囲

　　 b.　*常識な範囲

(4)a.　*非常識の振る舞い

　　 b.　非常識な振る舞い

「常識」は、単独で用いられて名詞修飾をする場合、ノ形になり、ナ形にはならない。名詞修飾においてナ形になるのは形容動詞で、ノ形になるのは名詞である。このことから、「常識」が名詞であることがわかる。接辞の「非-」が付加された「非常識」は、名詞修飾をする際には、ナ形になり、ノ形にはならない。したがって、「非常識」は形容動詞として機能していることがわかる。このように、派生接辞は、基体の品詞とは異なる品詞の派生語を作り出すことがある。(ただし、常に品詞の転換が起こるわけではない。)

接辞の un- は、形容詞や動詞に付くことができるが、基体の品詞によって表す意味が異なってくる。(1a)の形容詞 kind から派生された unkind は「不親切な」という否定の意味を表す。これに対して、(1b)の unbutton の基体

となっている button という動詞は、ボタンをとめるという意味を表すが、派生語の unbutton は「ボタンをはずす」という意味を表す。つまり、unbutton は、ボタンをとめることとは逆の行為をしていることになる(「ボタンをとめない」という否定の意味は表さない)のである。このことから、形容詞の基体に un- が付くと「否定」の意味になり、動詞の基体に付くと行為の「逆転」の意味を表すことがわかる。

　un- や「不-／非-」は、基体となる語の前に付く接頭辞であるが、語の後に付いて派生語を作る接辞もあり、このタイプの接辞は、**接尾辞(suffix)** と呼ばれる。例えば、派生接辞 -er は語の後ろに付く接尾辞であり、派生された語はいくつかの異なる意味を表す。

(5)a.　a runner of 100 meters

　　b.　a lover of Italian cuisine

　　c.　a can-opener

(5a)の runner（走者）は run（走る）に -er が付き、(5b)の lover（愛好家）は love（愛する）に -er が付き、(5c)の opener（開ける道具）は、open（開ける）に -er が付くことによって派生された派生語である。(5a)の runner は「走る人」、(5b)の lover は「イタリア料理を愛する人」、そして、(5c)の opener は「缶を開ける道具(缶切り)」を表す。このように、接尾辞 -er が付く派生語は、動作を行う人(動作主)、何かを経験する人(経験者)、動作を行う際に使うもの(道具)の意味を表すことができるのである。

　興味深いことに、(5)において、接尾辞の -er が付加して作られる派生語が表す意味は、(6a)のような意図的な行為を表す自動詞文の主語、(6b)のような他動詞文の経験者主語、そして、(6c)のような使役的な意味を表す他動詞文の主語が表す意味に対応する。

(6)a.　John ran 100 meters.　　　　　　（動作主）

　　b.　Mary loves Italian cuisine.　　　　（経験者）

　　c.　This can-opener opened it.　　　　（道具）

(6a)の主語は、走る行為を行う人(動作主)で、(6b)の主語は感情を感じる主体(経験者)で、(6c)の主語は、行為を行うための道具を表す。使役の意味を表す他動詞の主語に相当する項、感情の主体に相当する他動詞の主語、そして意図的な行為を行う自動詞の主語に相当する項は、**外項(external argument)**と呼ばれる。このことから、派生接辞 -er は、動詞の「外項」に当たる意味を表す派生語(派生名詞)を作ると言うことができる。

　日本語にも接尾辞がある。例えば、日本語の「-み」は形容詞(正確には形容詞の「語幹(stem)」)に付いて、「楽しい」から「楽しみ」のように、名詞を作ることができる。同じように、「-さ」もまた形容詞に付いて、「楽しい」から「楽しさ」のように、名詞を作ることができる。「-さ」が付く形容詞は抽象的な意味を表す。これに対して、「-み」が付く形容詞は、語によって抽象的な意味を表したり具体的な意味を表したりする。このことを次の例で考えてみよう。

(7)a.　川の深みにはまった。

　　b.　川の深さを測った。

「深み」と「深さ」は、どちらも名詞であることに変わりはない。しかし、「深さ」は抽象的な概念を表すが、「深み」は具体的な場所あるいは位置を表す。このように「深さ」と「深み」は表す意味が異なるために、(7)の「深み」と「深さ」を入れ替えると、「⁇川の深さにはまった」や「⁇川の深みを測った」のような不自然な文が出来上がってしまう(⁇印は完全に非文法的ではないが文法的であるともできないことを表す)。

　「-さ」や「-み」によって作られる派生語には**生産性(productivity)**の違いが観察される。「-さ」は、形容詞に付く接辞であるが、それ以外に形容動詞や補文をとる難易の意味を表す形容詞にも付くことができる。

(8)a.　住宅街の静かさ

　　b.　この本の読みやすさ

これに対して、派生接辞の「-み」は、形容動詞や難易の意味を表す形容詞に付くことはできない。

（9）a.　*住宅街の静かみ
　　 b.　*この本の読みやすみ

さらに言えば、「-み」が付くことができる形容詞の数は限られ、例えば、「冷たい」から派生するはずの(10)は容認されない。

（10）*水の冷たみ

もちろん、「-み」の代わりに「-さ」を付ければ、(10)は「水の冷たさ」となり問題なく容認される。このように、「-さ」は、どのような形容詞・形容動詞にも付くことができる非常に生産性の高い接尾辞であるが、「-み」は付くことができる形容詞が限られている生産性の低い接尾辞なのである。

4.2　転換

　英語の un-, -er などの接辞は、語に付くことで別の意味や別の品詞に属する派生語を作り出すが、英語では、(11)のように名詞がそのままの形で動詞として使われることがある。

（11）a.　Mary sponged the window clean.
　　 b.　John mopped the floor.

(11a)の sponge は、もともと道具として使用する「スポンジ」の意味を表す名詞であるが、ここでは「スポンジで洗う」という意味で動詞として使用されている。(11b)の mop も同じで、元来は道具(モップ)を表す名詞であるが、ここでは、「モップで拭く」という意味を表す動詞として用いられている。(11)の sponge や mop のように接辞を伴わずに元の品詞とは別の品詞と

して用いられることを**転換**(conversion)と呼ぶ。(11)の sponge や mop
は、名詞が動詞に転換されているので、**名詞転換動詞**(denominal verb)
と呼ばれる。転換によって品詞を変えることを(明示的な接辞がない派生と
して考えることもできるので)**ゼロ派生**(zero-derivation)と呼ぶこともあ
る。派生名詞の表す意味は動詞が表す意味と深い関連があり、(11)では、
名詞が表すものを道具として使用する行為が動詞の意味になっている。

　日本語の場合、動詞の連用形を名詞として使用することがあり、これが英
語の(動詞から名詞への)転換に相当する。

(12)　彼の読みは甘かった。

(12)の「読み」は、動詞「読む」から来ている。名詞として使用される「読
み」は、形容詞から名詞を派生する「暖かさ」とは異なり、派生接辞が付か
ず、動詞の連用形がそのまま名詞として使用されているため、転換が起こっ
ていると考えることができる。

考えてみよう

> ★接辞としての「人」は、「職人／苦労人／世話人／遊び人／密売人／
> 後継人」や「中国人／歌人／廃人／愛人／変人／怪人」などのよう
> に、「にん」とも「じん」とも読むことができる。「人(にん)」と「人
> (じん)」が付く語が表す意味について考えてみよう。また他にどのよ
> うな例があるかについても考えてみよう。
> ★「一番目」「切れ目」「高め」「賽の目」「勝ち目」などのように「〜目
> (め)」という語を作ることができるが、これらの語が表す意味につい
> て考えてみよう。また他にどのような例があるかについても考えてみ
> よう。

第5章　緊密な関係を持つ要素

5.1　語の緊密性

　語(word)は、必ずしも1つの要素で構成されているわけではない。複数の語が組み合わさって作られる**複合語**(compound)は、形態は複雑でも一語として振る舞い、統語のレベルで作られる**句**(phrase)とは顕著に異なる性質を示す。そのことを(1)の例で考えてみよう。

（1）a.　子供部屋
　　 b.　子供の部屋

(1a)の「子供部屋」は「子供」と「部屋」から作られる複合語であり、それに対応する句の表現は(1b)の「子供の部屋」である。「子供部屋」と「子供の部屋」のどちらも子供のための部屋あるいは子供が入る部屋という意味を表す。この2つの表現の表面的な違いは、「子供」の後に助詞の「の」が付くか付かないかである（さらに、前者では、「こどもべや」というように連濁が起こる）。

　複合語の「子供部屋」と（「子供」と「部屋」が句を構成する）「子供の部屋」は文法的に異なる性質を持つ。例えば、(2a)と(2b)では、形容詞の「大きい」による修飾の可能性が異なる。

（2）a.　大きい子供の部屋
　　 b.　大きい子供部屋

(2a)の「大きい子供の部屋」では、（3）で示されているように「大きい」が「子供」を修飾することも「子供の部屋」全体を修飾することもできる（（3）の角括弧は、それぞれの表現のまとまりを示している）。

（3）a.　［［大きい子供］の部屋］
　　 b.　［大きい［子供の部屋］］

(3a)は「大きい」が「子供」を修飾しているが、(3b)は「大きい」が「子供の部屋」を修飾している。「子供の部屋」には(3)のような修飾の可能性があるために、(2a)に対して「大きな子供のための部屋」という解釈を与えることも「子供の部屋が大きい」という解釈を与えることもできる。
　これに対して、複合語「子供部屋」に「大きい」が付いた(2b)の場合は、(4a)のように、複合語全体を修飾することはできるが、(4b)のように「子供」だけを修飾することはできない。

（4）a.　［大きい［子供部屋］］
　　 b.　*［［大きい子供］部屋］

したがって、(2b)に対しては、「子供部屋が大きい」という解釈は得られるが、「(部屋ではなく)子供が大きい」という解釈は得られない。この事実は、形容詞が複合語の内部に含まれる要素を修飾できないことを示している。
　同様のことは、(5a)の英語の複合語 teapot（ティーポット）でも観察される。(5b)のような修飾表現が付いた場合の解釈には一定の制限がある。

（5）a.　the teapot
　　 b.　the {large/*tasty} teapot

the teapot に large（大きな）のような修飾表現が付いて the large teapot になる場合には、teapot 全体が大きいという解釈は可能であっても、large が tea

だけを修飾する解釈はない。tasty（味がいい）のような修飾語が付く場合
は、pot を修飾するよりも tea を修飾する方が自然な解釈になるはずである
が、それでも、teapot が美味しいという不自然な解釈しか得られない。この
ことは、形容詞が、(6a)のような修飾関係を持つことはできても、(6b)のよ
うな修飾関係は持てないことを示している。

(6) a.　[large [teapot]]
　　 b.　*[[tasty tea] pot]

つまり、tasty は、tea という複合語の内部要素を修飾する [tasty tea] とい
うまとまりを作ることができないのである。このように、複合語の内部に存
在する要素に対して、外部から修飾ができないのは、内部要素が語として一
体化しているからで、このような語の結合の強さを**語の緊密性(lexical
integrity)** と言う。「子供部屋」のような複合語では、語の緊密性により、
形容詞「大きい」のような外部要素が語の内部要素(語の一部)を修飾するこ
とが許されないのである。
　語の緊密性は、語の内部要素が代名詞の指示対象となるかどうかについて
も制限をかける。例えば、(7a)の代名詞 it は下線で示してある a book（本）
を指すことができる。しかしながら、(7b)の it は teapot の内部要素である
tea を指すことができない(teapot 全体を指すことはできる)。

(7) a.　John bought <u>a book</u> and read *it* in one day.
　　 b.　*He took the <u>tea</u>pot and threw *it* into the trash can.

これと同じ現象は日本語でも観察される。

(8) a.　彼はお皿の<u>灰</u>を取り出して、<u>それ</u>をゴミ箱に入れた。
　　 b.　*彼は<u>灰</u>皿を取り出して、<u>それ</u>をゴミ箱に入れた。

(8a)の「それ」は、「灰」を指すことができるが、(8b)の場合、「それ」は

「灰」を指すことができない。これは、「灰」が灰皿という語の一部の要素となっているからである。((8b)の「それ」は、「灰皿」であれば指すことができる。)このように、代名詞は、語の緊密性により、語の内部に現れる要素を指示対象にすることができない。

さらに言えば、複合語の内部要素を代名詞に置き換えることもできない。例えば、mailbox の mail を it のような代名詞に置き換えることはできないし、「パソコン教室」の「パソコン」を「それ」に置き換えることもできない。

（9）a.　mailbox　→　*itbox

　　 b.　パソコン教室　→　*それ教室

このように、語の内部要素は緊密なまとまりを形成するために、外部にある代名詞が語の内部の要素を指すこともできなければ、内部要素を代名詞で代用することもできないのである。

この他に、語の緊密性と関連する制約として、語の内部には句が入り込めないという**句排除の制約(No Phrase Constraint)**を挙げることができる。例えば、「仕事」と「勉強」を助詞の「と」で等位接続して作られる「仕事と勉強」という句は、語の内部に入り込むことはできない。

（10）a.　［［仕事と勉強］の部屋］

　　 b.　*［［仕事と勉強］部屋］

「仕事の部屋」という句では、(10a)のように「仕事」を「仕事と勉強」という表現に置き換えて「仕事と勉強の部屋」という表現を作っても問題はない。これに対して、「仕事部屋」の場合には、句排除の制約により、(10b)のように複合語の内部にある「仕事」を「仕事と勉強」に置き換えることはできない。(ただし、(10b)は「仕事」と「勉強部屋」が組み合わさった表現としてならば容認される)。(10b)が容認されないのは、結局のところ、複合語が語の緊密性の制約に従うためである。

5.2 複合語と句の違い

　日本語の複合語と句の表現は、形態に違いが出るために容易に区別することができる。例えば、「海外」と「製品」のような名詞が複合されると、「海外製品」という複合語ができるが、句の場合には、名詞の間に助詞の「の」が入り、「海外の製品」という表現になる。形容詞の「赤い」と名詞の「紙」が複合されると、形容詞の語幹と名詞が組み合わされ「赤紙」になるが、句の場合には、活用語尾の付いた形容詞と名詞が組み合わされ「赤い紙」となる。名詞「腹」と形容詞「黒い」がこの順で複合されると、「腹黒い」になり、句の表現では、「腹が黒い」となる。

　複合語と句の表現が表面上、同じ形で並ぶことがある。例えば、英語では、dark（暗い）と room（部屋）が組み合され複合語が形成される場合でも、dark が形容詞として room を修飾する場合でも、見た目はどちらも dark と room がこの順で並んでいる。しかしながら、複合語と句の違いは、アクセントから見分けることができる。

(11) a. 　dark ROOM

　　 b. 　DARKroom

(11) では、アクセントの置かれる語が大文字で表されている。dark room では (11a) のように room にアクセントが置かれる場合は、「暗い部屋」という句の表現になり、(11b) のように dark にアクセントが置かれる場合には、「暗室」という意味を表す複合語になる。これは、英語において、句に対しては、後ろに来る要素に第 1 強勢を置く**句強勢規則（Phrasal Stress Rule）**が適用され、複合語においては、前部要素に第 1 強勢を置くという**複合語強勢規則（Compound Stress Rule）**が適用されるからである。ちなみに、「暗室」の意味の複合語は、darkroom 以外に、通常の句の表現と同じ dark room と書かれる場合もあり、綴りだけでは複合語かそうでないかを必ずしも判断できない。

　(11b) の darkroom（暗室）が複合語であることは、形容詞 dark を比較級と

最上級を表す darker や darkest に置き換えることができないということからも確認できる。

(12) a. *[dark<u>er</u>] room

     b. *[dark<u>est</u>] room

(12)では、darkroom（暗室）の内部要素である dark に比較級を表す -er や最上級を表す -est が付加できない。このことは、darkroom（暗室）の dark が語の一部になって、形容詞(句)の表現として機能していないことを示している。さらに言えば、複合語の内部要素の語は、(動詞の場合)過去形などの時制や(名詞の場合)複数形などの活用が基本的にできない。

(13) a.   songwriter vs *songwroter

     b.   bird-watching vs *birds-watching

(13a)の songwriter（ソングライター）においては、write が過去形の wrote にはならない。時制の活用が複合語の内部要素に対しては適用できないのである。これは、内部要素が動詞として機能しないからである。ただし、動詞が右側要素で、全体が動詞になる場合には、He <u>hand-delivered</u> the book.（彼は本を手渡しした）のように右側要素が動詞の活用をする。

　名詞複合語の複数の活用に関しては、(13b)の bird-watching が示唆するように、左側要素は複数形にならないことが多い。ただし、複数形の活用に関しては多くの例外がある。例えば、looker-on（傍観者）のように、全体が名詞であって、右側要素が複数の活用ができない場合には、複数形は lookers-on となる(他方、grown-up の複数形は grown-ups である)。arm（腕）と arms（武器）のように、単数と複数で意味が違う arm を含む複合語の arms reduction（武器削減）では(正しい意味を表すために)前に現れる名詞の arm が arms のように複数形になる。また、man, woman などが付く複合語は、woman doctor（女医）の複数形が women doctors となるように右側要素とともに左側要素も複数形になる。右側要素に man が現れる businessman（ビジ

ネスマン）の複数形は businessmen である。

考えてみよう

★「生ゴミ入れ」と言うことはできるが、「*燃えるゴミ入れ」と言うと
不自然に聞こえるのはなぜだろうか。考えてみよう。
★「読みもの vs 読むもの」「作りもの vs 作るもの」「見せもの vs 見せる
もの」「書きもの vs 書くもの」などのペアの表現が表す意味の違いに
ついて考えてみよう。

第6章　括弧付けのパラドックス

6.1　「先祖の墓参り」

　日本語は、かなり生産的に語と語を組み合わせて複合語を作り出すことができるが、複合語の内部要素は一般に**語の緊密性**(lexical integrity)が当てはまるために、外部にある修飾語の修飾を受けない。しかしながら、語の緊密性に反するような修飾関係を持つ複合語もしばしば見つかる。以下では、ある種の複合語に対して語の緊密性に反するような修飾がなぜ起こるのかについて考察することにする。

　最初に、「墓参り」という複合語について考えてみよう。複合語の「墓参り」は、名詞「墓」と動詞「参る」の連用形である「参り」が複合されることによって作られる。

（１）　墓＋参り→　墓参り

(1)の複合語は、「墓」という語を含むので、(2a)のように「大理石」が「墓」を修飾することができてもよさそうである。しかし、実際には、「墓参り」が複合語であるために、語の緊密性の制約がかかり、(2b)で示されている表現は可能ではない。

（２）a.　大理石の墓
　　　b.　＊大理石の墓参り

42

語の緊密性は、語の一部を別の語で修飾したり、語の内部に句を挿入したりするような操作を禁じる制約なので、(2b)のような表現は、(3)に示すようなまとまりを持つために容認されないと考えられる。

（３）＊[語[句大理石の墓] 参り]

句の表現の「大理石の」が「墓」を修飾するためには、まず、「大理石の墓」という表現を作らなければならない。この表現自体は、(2a)が示すように容認される。しかし、この表現に「参り」を複合させて(2b)を作ると、句の要素が「墓参り」という複合語の中に現れてしまうため、語の緊密性の制約により排除されてしまう。（不自然ではあるが）(2b)に対して可能な解釈は「大理石の」が「墓参り」全体を修飾するもので、この解釈は(4)の構造から得られる。

（４）［句大理石の ［語墓参り]]

(4)は、句要素が語を外から修飾するので、形態的には問題がない。しかし、意味的には「墓参り」が大理石でできていることになってしまうので容認されない表現となる。要するに、「墓参り」の一部をなす「墓」を「大理石の」が修飾する解釈は、形態と意味が一致しないため、容認されないのである。
　一方で、修飾要素によっては、「墓参り」の「墓」を修飾できる表現も存在する。

（５）　先祖の墓参り

「墓参り」自体は複合語なので、先の説明が正しければ、(5)の可能な形態構造は(6a)であるが、意味的な修飾関係は(6b)になるはずである。

（6）a.　［句先祖の［語墓参り］］　　（形態）

　　 b.　［語［句先祖の墓］参り］　　（意味）

(6a)の構造は、語の緊密性(および句排除の制約)の違反を起こしていないものの、この形態構造は「先祖の墓参り」で得られる意味を反映していない。(6a)のように「先祖」が「墓参り」全体を修飾してしまうと、(5)では先祖が墓参りに行くというあり得ない解釈が得られる。しかし、(6b)のように「先祖」が「墓」を修飾する構造を持つと、(5)は先祖の墓をお参りするという実際の解釈が得られる。しかし、語の緊密性(および句排除の制約)からは、この解釈は排除されてしまう。

　以上から、「先祖の墓参り」においては、その形態的側面を反映した括弧付けと意味的側面を反映した括弧付けが一致していないという事態が生じていることがわかるであろう。つまり、「先祖の墓参り」は、形態的には、(6a)のように「先祖」と「墓参り」がそれぞれまとまりを形成しているが、意味的には、(6b)のように「先祖の墓」と「参り」がそれぞれまとまりを形成しているのである。語の修飾関係は、上で述べたように、括弧を付けることによって表示されることが多く、「先祖の墓参り」に見られる形態と意味のミスマッチの現象は、**括弧付けのパラドックス(bracketing paradox)**と呼ばれる。

　形態と意味のまとまりに不一致が生じる括弧付けのパラドックスは、英語でも観察される。(7)の transformational grammarian は、チョムスキー(Noam Chomsky)によって提唱された「transformational grammar（変形文法)の専門家」という意味を表す。

（7）　transformational grammarian

(7)の grammarian は、grammar に接尾辞の -ian が付いて作られた表現で、「文法の専門家」という意味を表す。transformational は「変形の」という意味を表す形容詞である。(7)の形態的に可能な括弧付けは(8a)である。

（8）a.　［句 transformational ［語 grammar-ian］］　（形態）

　　b.　［語 ［句 transformational grammar］-ian］　（意味）

しかし、(7)の意味は、「変形文法の専門家」なので、意味的には(8b)の括弧付けになるはずである。語の緊密性という点では、語の内部に句が挿入される(8b)は可能ではなく、(8a)のような実際の意味を反映しない構造のみが可能となる。そうすると、(7)でも、形態と意味の関係が不一致となる括弧付けのパラドックスが生じていることがわかる。

6.2　パラドックスの成立要件

　括弧付けのパラドックスは、どのような条件のもとで成立するのだろうか。これにはいくつかの要因が考えられるが、「先祖の墓参り」のような例が成立するのは、「先祖の墓」で表される関係が**密接な関係**を持つと認定されるからである。つまり、「先祖の墓」では、「墓」が必ず誰かの墓であることが想定され、この「誰か」という部分が「先祖」に相当し、所有関係が成立するのである。このような密接な関係（この場合は所有関係）が成立する場合には、たとえ「先祖の」が「墓」を直接修飾するような形態的な関係が成り立たなくても、意味的には「先祖の」が「墓」を修飾する解釈が得られる。

　これと同じ説明は、英語の transformational grammarian についても当てはめることができる。形態的には、transformational は、grammarian という語全体を修飾する。しかし、transformational grammar は文法理論の名称であり、この 2 つの要素が密接な関係を持つので、transformational grammarian のような表現においては、transformational が grammar を修飾する文法理論の名称の解釈が成立するのである。同様の例に、theoretical linguist, atomic scientist がある。

　「先祖の墓参り」のような括弧付けのパラドックスが成立する際には、所有者と所有物において、(9)のように切り離しができない**分離不可能所有 (inalienable possession)**の関係が成立していることが多い。

（9）　おじいちゃんの肩たたき、先輩の尻拭い、他人のあら探し、
　　　　ズボンの裾上げ、など

（9）の「おじいちゃんの肩たたき」の「おじいちゃん」と「肩」は分離不可能所有の関係にある。しかし、語の緊密性の制約から、「おじいちゃんの」は「肩たたき」の一部をなす「肩」を直接修飾できないはずである。そうすると、ここでも、（10）のような形態と意味が一致しない「括弧付けのパラドックス」が起こっていることになる。

（10）a.　［おじいちゃんの［肩たたき］］　（形態）
　　　b.　［［おじいちゃんの肩］たたき］　（意味）

ただし、括弧付けのパラドックスが起こるのは、以下のような例が示すように、分離不可能所有が成立する場合に限定されるわけでもない。

（11）　小説の書き方、マンションの管理人、トラックの運転手、
　　　　大きな変化球

（11）の修飾語と被修飾語の関係は、分離不可能所有ではない。しかし、2つの要素の間に密接な関係が成立することは明らかであり、このような場合においても括弧付けのパラドックスは成立する。

6.3　形態・音韻的な反映

　括弧付けのパラドックスが形態・音韻的に現れることもある。このことを見るために、（12）の例について考えてみよう。

（12）a.　happier
　　　b.　unhappier

happy という形容詞の比較級は、-er の接辞がつく happier である。否定を表す接辞が付いた unhappy の比較級も unhappier となる。そして、unhappier は「より不幸せだ」という意味を表す。この意味的な事実は、比較級の接辞が unhappy に付いていることを示唆している。しかしながら、-er の比較級は、big のような単音節の単語（bigger）か、あるいは、noble, easy, narrow のような限られた2音節語（nobler, easier, narrower）でしか起こらない。そして、3音節以上の語では、more が付く（beautiful は、*beautifuler とはならず、more beautiful になる）。このことは、-er が3音節の unhappy ではなく、2音節の happy に付いていることを示唆する。そうすると、この語の形態を反映した括弧付けは、(13a)のようになり、意味を反映した括弧付けは、(13b)のようになる。

(13) a.　［un- ［happy -er］］　　　（形態）
　　 b.　［［un- happy］-er］　　　（意味）

(13a)の括弧付けは、un- が -er の外側にあるので、happier（より幸せである）に否定の un- が付く解釈、つまり「より幸せな状態でない」という意味を表すはずであるが、実際には、unhappier は、「より不幸せだ」という意味を表すので、この実際の意味を反映した括弧付けは(13b)となる。したがって、(12b)の unhappier においても形と意味の不一致が生じる括弧付けのパラドックスが生じていることがわかる。ほかにも、untidier, uneasier などが括弧付けのパラドックスが起こる同様の例に当たる。

考えてみよう

★ 「街中にある自動車の修理工場」や「昨日とれたマグロの解体ショー」が括弧付けのパラドックスになっているか考えてみよう。
★ 「元-」という接頭辞は「元コンビニの店長」などのように括弧付けのパラドックスを起こす。同じことが「新-」「旧-」などの他の接頭辞についても起こるか考えてみよう。

第 7 章　語彙化：句から語への変化

7.1　所有格複合語

　英語の所有格の's は、2 つの名詞を結びつける働きをする。例えば、(1)
の John と bag（カバン）はそれぞれ独立の名詞であるが、この 2 つが 's で結
ばれている。

（1）　John's bag

(1)の John と bag は、全体として名詞句を形成して、意味は合成性の原理に
従って決められる。所有格の's で結ばれる名詞句の関係は、最も典型的に
は、所有関係であるが、それ以外にもさまざまな関係を表すことができる。
例えば、「ジョンが持っているカバン」「ジョンがデザインしたカバン」「ジョ
ンが使っているカバン」など多くの関係を想定することができる。いずれの
場合も、(1)の bag はジョンに関係するカバンを表す。
　(2)の例も、woman（女性）と magazine（雑誌）という 2 つの名詞が所有格
の's で結ばれるという点では、(1)と同じ形式を持つように見えるが、状況
が異なる。

（2）　the woman's magazine

(2)には、2 つの意味がある。1 つは「その女性の雑誌」という意味で、こ
の場合、(2)は(1)と同じように女性が関係する（最も典型的には、女性が所

有する)特定の雑誌を表す。もう1つは、「女性誌」という意味で、この場合、(2)は雑誌の種類を表す。後者の場合、女性向けの雑誌という固定された意味を表す。英語の所有格の's を含む表現は、通常、句の表現となるが、「女性誌」という意味で使われた場合、全体が一語として機能する複合語を形成する。このように、句のレベルで起こる所有格の 's を含みながらも複合語を形成する表現は**所有格複合語(possessive compound)**と呼ばれる。このような複合語が形成されるのは、もともと句の表現であるものが使用されるにつれて固定化され、その固定化が進んだ結果、最終的に一語となったからであると考えられる。このように、句の表現が1つの語として再分析される現象は、**語彙化(lexicalization)**と呼ばれる。

　(2)が「女性の雑誌」という意味を表す場合には、woman's magazine が句の要素となるのに対して、「女性誌」という意味を表す場合には、同じ語の連鎖が複合語を形成する。したがって、(2)は表す意味によって、それぞれ(3)のような構造を持つと考えられる。

（3）a.　［句 ［句 the woman]'s magazine]（その女性の雑誌）

　　　b.　［句 the ［語 woman's magazine]]（その女性誌）

語彙化された所有格複合語には、woman's magazine 以外にも、(4)のような例がある。

（4）　girl's school（女子校）、women's college（女子大）、driver's license（運転証明書）、man's shirt（男性用シャツ）、devil's advocate（あまのじゃく）

句の表現とは異なり、語彙化された表現は、一語として機能するため、語の緊密性の制約が課される。したがって、woman's と maganize の間に、torn（破れた）のような修飾語を挟むことができない。そのため、(5a)のような表現では、「その女性の雑誌」という句の表現としての解釈しか得られない。

（5）a.　［the woman］'s torn magazine（その女性の破れた雑誌）

　　　b.　the torn ［woman's magazine］（その破れた女性誌）

通常の名詞句 my daughter's dress（私の娘のドレス）においては、my daughter's の後に beautiful を入れて my daughter's beautiful dress という表現を作ることができる。これと同じ規則が(5a)の woman's magazine に当てはまるので、(5a)は句の表現であることがわかる。さらに言えば、woman's と magazine の間に torn があると、語の内部要素を修飾する語が現れるため、woman's magazine は一語ではありえず、複合語とはならない。

　これに対して、torn が woman's magazine の前に現れる(5b)は、torn が woman's magazine 全体を修飾する場合にのみ意味が整合する。woman's magazine が句の表現である場合、torn は woman を修飾しなければならないが、woman が破れることはないので、この修飾関係は、意味的に整合しない。さらに、the と woman との間に挟まった torn は、magazine を修飾することができない。これは、英語では、所有格名詞句が形容詞よりも先行しなければならないからである(John's beautiful bag は可能な表現であっても *beautiful John's bag は英語としては不適格な表現となる)。したがって、(5b)では、woman's magazine が「女性誌」という意味で一語として働く場合にのみ、torn の修飾は意味的に整合する。

　英語の所有格 's を含む句の表現は、語彙化(意味と形式が固定化)が起こった結果、所有表現全体が複合語(複雑な語)となることを示している。

7.2　日本語の所有格複合語

　日本語においては、助詞の「の」を使用して、名詞と名詞を結びつける句表現を作ることができる。例えば、(6)の「先生の本」は句の表現であり、英語の場合と同じように、意味が合成的に決まる。

（6）　先生の本

(6)の「先生」と「本」の関係は、「先生が書いた本」「先生がたまたま今手にしている本」など様々に解釈することができる。これに対して、(7)は句の表現が語彙化され特定の意味を表すようになった所有格複合語として機能することができる。

（７）　孫の手

(7)の表現は、「の」で「孫」と「手」が結ばれているが、語彙化が起こっていない名詞句である場合と語彙化された所有格複合語を形成する場合とで解釈が異なる。通常の名詞句として解釈される場合は、部分の意味の総和から全体の意味が作られるという合成性の原理に従って、「誰かのお孫さんの手」という意味を表す。一方、「肩たたきの道具という」特化した(固定的な)意味を表す場合、(7)は一語の複合語となる。
　英語と同じく、句表現と複合語との間では、語の緊密性の違いが観察される。(8)は、背中などを掻くときに使う道具としての「孫の手」の「孫」と「手」の間に「きれいな」のような修飾語が挿入できないことを示している。

（８）＊おじいさんのために、[孫のきれいな手] を買った。

「孫の手」は、全体として一語となる複合語を形成している。(8)は、語の緊密性の制約から、「きれいな」が語の内部に入り込むことができないので、複合語としての解釈ができない。日本語には、「孫の手」以外にも、数多くの語彙化された所有格複合語が存在する。

（９）　母の日、男の子、菜の花、蚤の市、目の当たり、水の泡、など

また、「我が家」「我が国」「まなこ」「まつげ」などのように、助詞の「の」の代わりに、古い日本語において使われていた所有格のガ／ナ／ツが現れる所有格複合語も存在する。
　所有の名詞句か所有格複合語かで漢字の読み方が異なる場合もある。「木」

という漢字は「き」とも「こ」とも発音されるが、(10)で示されているように、「木」は、名詞句を形成する場合は「き」と発音されるが、所有格複合語を形成する場合は「こ」と発音される。

(10) a.　木ぎの葉

　　　b.　　木この葉

(10a)の「木きの葉」は名詞句なので、(11a)のように、「木」だけを「背の高い」のような修飾語で限定することができる。これに対して、(10b)の「木この葉」は所有格複合語なので、「背の高い」は、語の緊密性の制約により(11b)のように「木」を修飾することができない。

(11) a.　［背の高い木き］の葉

　　　b.　*［背の高い木こ］の葉

同様の理由から、句の表現の間には形容詞などが割り込むことができるが、複合語にはそのような操作ができない。したがって、「木きの大きい葉」と「*木この大きい葉」のような文法性の対比が生じる。

　また、「木この葉」は複合語なので、(12a)に示されているように、語をさらに複合させて、より大きな複合語を作ることもできる。

(12) a.　木この葉髪

　　　b.　*木きの葉髪

(12a)では、複合語「木この葉」の後ろに「髪」をつけて、より大きな複合語「木この葉髪」が作られている。(「木この葉髪」は、落葉に例えた抜け毛のこと。俳句の冬の季語でもある。)他方、「木きの葉」は名詞句なので、句排除の制約から複合語を作ることはできない。

　所有格複合語に限らず、複合語の内部に現れる「木」が「こ」と発音されることは多い。複合語に含まれる「木」が「こ」と発音されるものには、

52

「木陰」「木洩れ日」などがある。ただし、所有格複合語でも、「茸(<「木の子」)」「紀ノ國(<「木枯しの国」)」「木の芽」などのように、「木」が「き」と発音される場合もある。同様のことは、「目」についても当てはまる。「目」が単独の語として働く場合には、「め」と発音される。これに対して、「目」が複合語の内部に現れる場合には、「目の当たり」(所有格複合語)、「まぶた(<「目蓋」)」(複合名詞)のように「ま」と発音される。ただし、複合語でも「目の前」(所有格複合語)や「目隠し」(複合名詞)のように「め」と発音されることもある。

考えてみよう

★日本語には、「魚の目」「鷹の爪」「烏の行水」「虎の子」「雀の涙」「馬の骨」「蛇の目」「虫の息」などの所有格複合語が多くある。これらの複合語にどんな特徴があるかについて考えてみよう。また、他にどんな例があるかについても考えてみよう。

★「ふぐの毒」「目の毒」「気の毒」「お気の毒様」という表現についてそれぞれどの程度語彙化しているか考えてみよう。

第 8 章　イディオム

8.1　意味の不透明性

　英語においても日本語においても、本来表すはずの意味とは異なる意味を表す慣用的な表現が見つかる。例えば、「鯖を読む」という表現は、「年齢などの数をごまかす」という意味を持つ。このように、文字通りの字義とは異なる意味を持つ表現は、**イディオム(慣用句)(idiom)**と呼ばれる。もう少し厳密に言うと、イディオム(慣用句)は、一定の決まった語と語の組み合わせを使って、語の本来の意味からは推測できない意味を表す表現である。

　複数の語からなる通常の表現の意味は、合成性の原理が働き、部分を構成する語の意味を足すことによって決まる(すなわち、部分の意味の総和が全体の意味となる)。例えば、英語の動詞句 write a book が「本を書く」という意味を表すのは、write（書く）と book（本）のそれぞれの意味が合わせられるからである。しかしながら、イディオムに関しては、その意味の特殊性から、合成性の原理が当てはまらない。例えば、(1)のイディオムは、意味が部分の総和からは推測できない。

（1）　He kicked the bucket.

(1)の kick the bucket は、動詞 kick（蹴る）と目的語 the bucket（バケツ）を組み合わせて作られた表現である。(1)は、文字通りに解釈すると、「彼はバケツを蹴った」という意味になるが、文字通りでない「彼は死んだ」というイディオムの意味がある。kick the bucket がこの意味で使われた場合、

kick と bucket の部分の意味は全体の意味に反映されていないことになる。

　イディオムは、イディオムの意味が合成性の原理に従って決められないという**意味の不透明性(semantic opacity)**が認められる。イディオムは、部分から合成される意味を持たないため、句の形をしていても、語と同様に、個別に意味を記憶しておく必要がある。つまり、(語と同様に)まとまって1つの項目としてレキシコンに登録される必要があるのである(このようなイディオムは、他にも pull someone's leg(〜をからかう)や cook someone's goose(〜を台無しにする)など多数ある)。

　イディオムは、kick the bucket のように目的語と動詞が組み合わされる動詞句のレベルで形成されるものが多いが、中には(2)のように、文全体がイディオムとして機能する表現も存在する。

(2)　The cat is out of the bag.

(2)の文字通りの解釈は「猫がバッグから出ている」であるが、イディオムとしては「秘密が漏れている」という意味を表す。(2)の場合も、全体の意味が部分を構成する the cat や out of the bag から決まるわけではないことがわかる。(2)のように文全体がイディオムになる表現は、**文イディオム(sentential idiom)**と呼ばれる。

8.2　統語操作

　イディオムは、合成性の原理に従わない独自の意味を持つ表現であるが、統語的にも内部要素がかなりの程度固定され、適用できる統語操作が限られ固定的になる傾向がある。

　ここでは、受身化の例を用いて、統語的な**固定性(fixedness)**について考えてみることにする。まず、(3)のような(イディオムでない)通常の文は、受動文を作ることができる。(3b)の受動文では、(3a)の能動文の目的語 the student が主語になり、(3a)の主語 the teacher が by 句で表される。

(3)a.　The teacher scolded the student.

　　b.　The student was scolded by the teacher.

(3a)と(3b)で文の形式は異なるが、どちらの文も同じ「先生が学生を叱った」という**論理的な意味(logical meaning)**を表す。ただし、この2つの文の意味が完全に同じであるというわけではない。(3a)と(3b)は、同じ出来事の記述であるが、どのような視点で出来事が記述されているかは異なる。(3a)は the teacher から見た出来事の記述で、(3b)は the student から見た出来事の記述である。

　イディオムが含まれる(4)では、受動文にすると能動文で表されるイディオムの意味が失われる(例の前にある#印は意図したイディオムの解釈がないことを表す)。

(4)a.　John kicked the bucket.

　　b.　#The bucket was kicked by John.

(4a)の kick the bucket は、「死ぬ」というイディオムの意味がある。それと同時に「バケツを蹴る」という意味もある。(4a)を受身化し、(4b)のような受動文を作ると、文字通りの「バケツが蹴られた」という解釈は成り立つが、「死ぬ」というイディオムの解釈は得られなくなる。同様に、throw in the towel（降参する）や shoot the breeze（雑談する）などのイディオムについても、受動文にすると、#The towel was thrown in. のようにイディオムの解釈がなくなったり、*The breeze was shot. のように容認されなくなったりする。

　日本語も、(5)に示す「道草を食う」は、受動文にするとイディオムの意味が失われる。

(5)a.　太郎は帰宅中に道草を食った。

　　b.　#太郎によって帰宅中に道草が食われた。

(5a)の能動文には、「道端の草を食べる」という文字通りの解釈に加えて「他のことに時間を費やす」というイディオムの解釈がある。これに対して、(5b)の受動文には、イディオムの解釈はなく文字通りの解釈しかない。

　このように、イディオムは、統語的に固定化していて、受身化のような統語操作を許さないことが多い。しかし、イディオムの固定性に関しては一律でないことが知られている。イディオムによっては、(6)のように受身化を許すものがある。

(6)a.　He broke the ice.

　　 b.　The ice was broken.

英語のイディオム break the ice（打ち解ける / 口火を切る）は受身化が可能で、受動文でもイディオムの意味が保持される。日本語の「茶々を入れる」も同様である。

(7)a.　研究発表の最中に、友達が彼に茶々を入れた。

　　 b.　研究発表の最中に、彼に茶々が入れられた。

「茶々を入れる」は、受身化をしてもイディオムの意味が失われない。英語の draw a line（一線を画す）、spill the beans（秘密を漏らす）、bury the hatchet（和睦する / 矛を収める）や日本語の「水をさす」「手を加える」などのイディオムでも受身化ができる。

　このように、受身化などの統語操作がどの程度可能かについては、イディオムによって違いが観察されるのである。

8.3　語の置き換え

　イディオムは、固定した語で独自の意味を表す。そのために、イディオムの語彙的な特徴として、たとえ同じような意味の語であっても、内部要素の置き換えができないか、あるいは、できたとしても限定された範囲でしか

きないということが挙げられる。例えば、英語の動詞の smash と類義語の
crush は、(8)ではともに「車が木に衝突した」という意味を表す。

(8)a.　The car smashed into a tree.
　　b.　The car crushed into a tree.

これに対して、(9a)の have a crush on（〜に首っ丈である）というイディオ
ムでは、(9b)で示されているように crush を smash と入れ替えるとイディオ
ムの意味が表せなくなる。

(9)a.　John has a crush on Mary.
　　b.　*John has a smash on Mary.

日本語では、「油を売る」というイディオムが同じような性質を示す。「油」
を他の語で置き換えると、イディオムの解釈は失われる。

(10)a.　ジョンはいつも仕事中に油を売っている。
　　b.　#ジョンはいつも仕事中にラードを売っている。

同様に、「油」を「がまの油」「オイル」「原油」「ガソリン」「灯油」などの
語に置き換えてもイディオムの意味がなくなってしまう。
　一方、イディオムの中には、語の入れ替えを許すものもある。例えば、英
語の pay attention to（注意する）の attention を heed に置き換えて pay heed
to としても同じイディオムの意味が維持される。日本語では、「終止符を打
つ」の「終止符」を「ピリオド」に入れ替えて「ピリオドを打つ」にしても
イディオムの意味が維持される。また、「足を突っ込む」の「足」を「片足
を突っ込む」のように「片足」に変えても、イディオムの意味は維持され
る。
　イディオム内においては修飾語を加えることができないことも多い。(11)
で示されているように、「からかう」という意味を表す英語のイディオムで

ある pull someone's leg の leg を left（左の）で限定して pull someone's left leg とすると、「からかう」というイディオムの意味は失われる。

(11) [#]Don't pull my left leg!

修飾の可能性についても、pull someone's leg のように内部要素に対して修飾語が付けられないものがある一方で、take care of のようなイディオムのように修飾語を付けることができるものもある。

(12)　He took good care of himself.

日本語のイディオムにも同じような振る舞いをするものがある。例えば、「気をつける」の「気」は修飾語を付けることができないが、同じような意味を表す「気を配る」は、「細かな」のような修飾語を伴ってもイディオムの意味が維持される。

(13)a.　*彼はすべてのことに細かな気をつけた。
　　b.　彼はすべてのことに細かな気を配った。

これらの事実もやはり、イディオムの固定度はイディオムによって違いがあるということを反映している。

　一般に、イディオムがイディオムの意味を表すには、要素がひとまとまりになっていなければいけないという制約がある。このような制約は、**隣接性の条件(adjacency condition)** と呼ばれる。しかしながら、すべてのイディオムの要素が常に隣り合っているとは限らない。先の pull someone's leg のようなイディオムの場合、すべての要素がイディオムを形成するわけではなく、pull his leg、pull Mary's leg、pull my teacher's leg のように、someone の部分は人物を表す所有格名詞であれば置き換えても問題はない。日本語も同様に、「〜の顔に泥をぬる」のようなイディオムでは、人を表す名詞であれば、「〜」の部分にどのような名詞が入ってもかまわない。厳密に言え

ば、pull someone's leg では、pull ... leg がイディオムの意味を持つということになる。 someone の部分は、固定されたイディオムの表現をなすのではなく、イディオムの中に含まれる自由変異部分(**変項**(**variable**))となっているのである。

考えてみよう

> ★「彼は鯛に<u>目がない</u>と言った」や「太郎は娘のことを聞かれて<u>鼻が高い</u>と答えた」のような文では「目がない」や「鼻が高い」を2通りに解釈できるが、どのような意味を表すか考えてみよう。
>
> ★「鴨が葱を背負って来る」を「鴨が葱を背負って来た」としても問題ないが、「猿も木から落ちる」を「*猿も木から落ちた」とすると変である。なぜだろうか。考えてみよう。

第9章　項構造と場所格交替

9.1　動詞の項構造

　まとまった思考を表す単位である**文**(sentence)は、最も典型的には、**動詞**(verb)と主語などの**項**(argument)で構成される。文の意味を決めるのに最も重要な要素が動詞で、その意味が決まれば、どのような出来事が記述されるかが決まる。例えば、(1)の英語では kick、(2)の日本語では「話す」と「壊れる」という動詞があり、これらの動詞がそれぞれの文の出来事を記述する。

（ 1 ）　John kicked the ball.
（ 2)a.　花子が話した。
　　 b.　花瓶が壊れた。

動詞があるだけでは、文は不完全である。完結した文を作るには、動詞の記述する出来事に加わる**参与者**(participant)も規定する必要がある。この参与者は、項という形で表される。(1)では主語の John と目的語の the ball、(2a)では主語の「花子」、(2b)では主語の「花瓶」が項に当たる。

　出来事の参与者の種類は、動詞の意味によって必然的に決まってくる。言語学では、しばしば**意味役割**(thematic role または theta role)という概念を用いて出来事の参与者の性質を規定する。例えば、(1)の kick の参与者である John に対しては、「蹴る人」ということで**動作主**(agent)、「蹴られる物」である the ball に対しては**対象**(theme)というラベルを付ける。(2a)

の「話す」という出来事の参与者は話す行為をする「動作主」、(2b)の出来事の参与者は壊れることになる「対象」である。

　名詞句(項)が担う意味役割は動詞によって決められるので、(1)や(2)の文に現れる項に与えられる意味役割は(3)のような形で規定される。

(3)a.　kick：　　〈動作主、対象〉

　　　b.　話す：　　〈動作主〉

　　　c.　壊れる：　〈対象〉

(3)の〈　〉は、動詞がどのような種類の項をとるのかを指定している。動詞がとる項を指定した(3)のような表示を**項構造(argument structure)**と言う。項が文中で担う意味役割については、さまざまなものが提案されているが、(4)に代表的なものを挙げる。(具体例では、下線の項がそれぞれの意味役割に対応している。なお、意味役割にどのようなものを設定するかについては意見が異なる場合がある。)

(4)a.　Agent（動作主）：動作を行う主体　　　　　（例：<u>John</u> hit Mary.）

　　　b.　Experiencer（経験者）：出来事を知覚する主体

　　　　　　　　　　　　　　　　　（例：<u>Antonio</u> likes espresso.）

　　　c.　Theme（対象）：影響を被る存在物、移動する存在物

　　　　　　　　　　　　　　　　　（例：Bill broke <u>the vase</u>.）

　　　d.　Goal（着点）：移動先　　　　（例：They walked to <u>school</u>.）

　　　e.　Source（起点）：移動元　　　（例：The noise came from <u>the house</u>.）

　　　f.　Location（場所）：存在する場所または出来事が起こる場所

　　　　　　　　　　　　　　　　　（例：The cat hid under <u>the table</u>.）

　　　g.　Instrument（道具）：動作を行う際に用いられる道具

　　　　　　　　　　　　　　　　　（例：John cut the apple with <u>a knife</u>.）

　　　h.　Beneficiary（受益者）：利益を得る主体

　　　　　　　　　　　　　　　　　（例：John bought a ring for <u>Mary</u>.）

　文法でしばしば議論される**主語**(subject)や**目的語**(object)という概念は、動詞がとる項の文法的な性質を規定している。そのため、動詞が記述する出来事の参与者の性質を説明するために主語や目的語の概念を用いてもあまり有効な手段とはならない。例えば、「話す」と「壊れる」がとる唯一項はともに主語であるが、それらの項の持つ意味役割は異なり、それぞれ「動作主」と「対象」となる。このことは、項の文法機能と意味役割に直接的な関係がないことを示している。

9.2　場所格交替

　動詞とそれがとる項の数が 1 つに決まると文の形式も 1 つに決まることが多い。しかし、この一般化に当てはまらないと思える現象もしばしば観察される。(5)の smear（塗る）の例を考えてみよう。

（ 5)a.　John smeared paint on the wall.
　　　b.　John smeared the wall with paint.

(5)の 2 つの文では、smear という動詞が使われているが、項の現れ方が異なる。(5a)では、smear の目的語として paint（ペンキ）が現れ、the wall（壁）は前置詞 on を伴っている。(5b)では、the wall が目的語として現れ、paint が前置詞の with を伴って現れている。日本語でも同じような現象が観察される。(5)の smear に対応する日本語の動詞「塗る」を使った(6)を考えてみよう。

（ 6)a.　ジョンは壁にペンキを塗った。
　　　b.　ジョンはペンキで壁を塗った。

(6a)では、「ペンキ」がヲ格目的語として現れ、「壁」はニ格で現れている。(6b)においては、「壁」がヲ格目的語として現れ、「ペンキ」はデ格で現れている。

　(5)と(6)に現れている項を出来事の参与者という観点から見ると、paint や「ペンキ」は、塗るという行為を行う際に使用される材料で、意味役割としては「対象」とみなされる。the wall や「壁」は、ペンキが塗られる「場所」である。John と「ジョン」は、行為を行う「動作主」である。そうすると、動詞 smear や「塗る」のとる項はともに3つで、項構造は(7)のように指定される。

（7）a.　smear：〈動作主、対象、場所〉
　　　b.　塗る：〈動作主、対象、場所〉

smear や「塗る」のような動詞では、その項が異なる形で現れることが可能である。(5)と(6)の文は、(8)と(9)のように出来事の参与者が配置される。

（8）a.　<u>John</u> 〈動作主〉 smeared <u>paint</u> 〈対象〉 on <u>the wall</u> 〈場所〉.
　　　b.　<u>John</u> 〈動作主〉 smeared <u>the wall</u> 〈場所〉 with <u>paint</u> 〈対象〉.
（9）a.　<u>ジョン</u>が 〈動作主〉 <u>壁</u>に 〈場所〉 <u>ペンキ</u>を 〈対象〉 塗った。
　　　b.　<u>ジョン</u>が 〈動作主〉 <u>ペンキ</u>で 〈対象〉 <u>壁</u>を 〈場所〉 塗った。

このように、動詞が同じで、基本的な意味が変わらず、複数の文のパターンで現れることが可能な現象を**交替(alternation)**と言う。特に、(5)と(6)のような交替現象は、**場所格交替(locative alternation)**と言う。この交替を起こす最も典型的な動詞が smear や「塗る」なので、**壁塗り交替(spray-paint alternation)**と呼ばれることもある。
　(5)と(6)の動詞は、ペンキが壁に塗り付けられるという「付着」の意味を表しているが、同様の構文交替は、clear（片付ける）のような「除去」の意味を表す動詞においても観察される。

（10）a.　The waiter cleared the dishes from the table.
　　　b.　The waiter cleared the table of the dishes.

(10)の the dishes（食器）は移動されるもので、その意味役割は「対象」である。the table（テーブル）は食器の移動の「起点」に当たる。これに、片付ける行為を行う人を表す「動作主」が加わるので、動詞 clear の項構造は(11)のように表すことができる。

(11)　clear：　〈動作主、対象、起点〉

除去を表す動詞 clear でも、(10)のように 2 つの構文パターンが可能で、(12)ではその意味役割の対応関係が表されている。

(12)a.　The waiter 〈動作主〉 cleared the dishes 〈対象〉 from the table 〈起点〉.
　　b.　The waiter 〈動作主〉 cleared the table 〈起点〉 of the dishes 〈対象〉.

(12a)では、対象の the dishes が目的語として現れ、起点の the table が前置詞の from を伴っている。一方、(12b)では、起点の the table が目的語として現れ、対象の the dishes が前置詞の of を伴っている。日本語でも「片付ける」のような動詞が clear と似た交替を起こす。

(13)a.　あの人がお皿をテーブルから片付けた。
　　b.　あの人がテーブルを片付けた。

日本語の「片付ける」の場合、目的語が対象の「お皿」である場合は、英語の(10a)に相当する形式をとることができる。しかしながら、起点の「テーブル」が目的語になった場合には、英語の clear とは異なり、対象の「お皿」を表出することができない(ちなみに、(13b)では「テーブル」が片付ける「対象」となる解釈も可能である)。
　場所格交替動詞は、smear では〈動作主、対象、場所〉、clear では〈動作主、対象、起点〉という項が現れる項構造を持つが、表面上の項の現れ方は異なる。項構造を考えることにより、交替を起こす動詞のとる項の意味関係を容易に捉えることができる。

9.3 動詞の意味と格の形式

　smear や「塗る」のような場所格交替動詞は、項の並べ方や格の標示が異なっても、「ある場所に何かを塗る」という意味を表す。それでは、場所格交替動詞では、なぜ異なる項の現れ方が可能になるのだろうか。これについては、「塗る」のとる格のパターンがどのようなタイプの動詞に現れるかについて考えてみるとわかりやすい。例えば、「入れる」は、モノの移動を表す動詞で、(14a)は、「材料(水)」を容器などの場所に移す」という意味を表す。

(14)a.　ジョンはボトルに水を入れた。
　　b.　*ジョンは水でボトルを入れた。

「入れる」では、移動されるものがヲ格で標示される。「入れる」のような動詞のとる格パターンは(6a)の「塗る」の格のパターンと同じである。次に、「覆う」という動詞は、場所の変化を表す動詞で、「材料(布)を用いて場所(テーブル)に変化を起こす」という意味を表す。

(15)a.　ジョンは布でテーブルを覆った。
　　b.　*ジョンはテーブルに布を覆った。

「覆う」では、変化を起こす場所がヲ格で標示される。「覆う」のような動詞のとる格パターンは(6b)の「塗る」の格パターンと同じである。
　一般に、変化や移動の対象がヲ格で標示されるという文法的な制約があるため、「塗る」において対象(「ペンキ」)の移動を表す場合と場所(「壁」)の変化を表す場合で目的語として現れる項の意味役割が異なる。そうすると、「塗る」は〈動作主、対象、場所〉のように3つの項を項構造で指定するものの、格のパターンによって表す意味が少し異なることがわかる。(6a)のように、対象(「ペンキ」)がヲ格目的語となる場合には、「塗る」は「対象の移動」の意味を表している。(6b)のように、場所(「壁」)がヲ格目的語となる

場合には、「場所の変化」の意味を表している。つまり、場所格交替動詞「塗る」は「ある場所に何かを塗る」という意味を表すが、実際には動詞が記述する出来事は「対象の移動」と「場所の変化」という異なるタイプのものであるため、異なる構文形式をとるのである。

　除去を表すタイプの動詞 clear でも同じことが言える。(10a)は、対象の the dishes が the table から取り除かれるという対象の移動の意味を表し、(10b)は、対象の the dishes が取り除かれて生じる the table の変化の意味を表すので、2 つの格パターンが可能である。このように、壁塗り交替動詞は、動詞が持つ項構造が同じでも、異なる 2 つの意味(「対象の移動」あるいは「場所の変化」の意味)を表すために、2 つの構文パターン(構文交替)が可能なのである。

考えてみよう

★他動詞の「刺す」は(1)のように交替を起こすことができるが、自動詞の「刺さる」は(2)のように交替を起こすことができない。なぜだろうか。考えてみよう。
　　(1)a.　料理人が<u>鶏肉を串で</u>刺した。
　　　　b.　料理人が<u>鶏肉に串を</u>刺した。
　　(2)a.　<u>串が鶏肉に</u>刺さった。
　　　　b.　*<u>鶏肉が串で</u>刺さった。
★「息をのむ」「涙をのむ」「要求をのむ」「敵をのむ(のんでかかる)」「酒をのむ」において、「のむ」の主体がどのようなことをしているのか考えてみよう。

第10章　デキゴト・モノ名詞

10.1　名詞と時間の関係

　語(word)は、文中でどのような働きをするかに応じていくつかのグループに分けることができる。文法では、グループ分けした語に品詞(part of speech)を割り当てる。品詞は、英語からの(やや難解な)翻訳であるが、文字通りに訳すと、「ことばの部品」となる。名詞(noun)や動詞(verb)のように、日本語にも英語にも共通する品詞がある。一般に、「鉛筆」や book などの名詞は(具体物や抽象物の名前などの)モノ(entity)を表し、「書く」や read のような動詞は(行為や変化などを含む)デキゴト(event)を表す。

　上のような定義では、モノを表す語は名詞で、デキゴトを表す語は動詞というように、語の分類が一義的に決まるような印象を与える。しかしながら、(1)の「会議」は、関係者が集まって討論や議論したりすることを意味するため、名詞であるにもかかわらず、デキゴトを表す。

（1）　3時間の会議は身体にこたえる。

デキゴトは、時間との結びつきが強く、通常、始まりや終わりを想定できる。品詞の中で時間と強く結びつくのは動詞である。例えば、動詞「働く」は、「3時間」という時間表現を加えて「3時間働いた」とすることができる。同様に、名詞「会議」もデキゴトを表すため、(1)のように、時間表現の「3時間」が「会議」を修飾することができる。「会議」のような名詞はデキゴト名詞(event noun)と呼ばれる。

　一方、「本」は読み物として使用される冊子を表す。(もっとも典型的に**存在物に名前を付けるという機能を持つ**)「本」のような名詞は**モノ名詞(entity noun)** と呼ばれる。デキゴト名詞とは異なり、モノ名詞は、基本的に時間の経過に従って変化しない存在物を指す。したがって、デキゴト名詞とモノ名詞は、「時間」を指定できるかどうかによって区別することができる。例えば、モノ名詞の「本」は、(1)の「会議」とは異なり、「3時間」のような時間表現で修飾することはできない。

(2) *3時間の本

(2)の「本」は、時間の経過によって変化する物体ではないので、「3時間」のような時間表現で修飾できないのである。同様に、「昨日」のような特定の日時を指す時間表現もデキゴト名詞とモノ名詞を区別する基準となる。(3)の例が示しているように、「昨日」はデキゴト名詞とは共起できるが、モノ名詞とは共起できない。

(3)a.　昨日の旅行
　　 b.　*昨日の机

「旅行」は、変化があるデキゴトを表すので、(3a)のような表現が可能である。これに対して、「机」は、時間の経過に関係なく存在するものを表すので、通常、「昨日」のような時間表現で限定されない(ただし、対比的な文脈では、モノ名詞でも変化が起こったと認識されることがあり、「昨日の机には落書きがなかった」のような表現が可能になることもある)。

10.2　項構造とデキゴト名詞

　デキゴトを表す名詞の中には、動詞のように項を選択することができるものがある。このようなデキゴト名詞は、項構造を持っていると考えることができる。通常、項構造を持つのは動詞であるが、名詞にも項構造を持つもの

があるのである。日本語において、**動詞的名詞**あるいは**動名詞**と呼ばれる名詞（英語では verbal noun）が項構造を持つデキゴト名詞のクラスに入る。動名詞は、「読書」「勉強」「洗濯」「料理」などの名詞で、(4a)のように動詞「する」の目的語として現れたり、(4b)のように動詞「する」に直接結びついたりすることで述語の一部として機能する。

（ 4 ）a.　太郎が<u>読書を</u>した。
　　　b.　太郎が<u>読書</u>した。

(4)に現れている「する」は、実質的な意味があまりなく、意味が軽いということから**軽動詞(light verb)**と呼ばれる。(4)の構文において、実質的な意味を決めるのは、動名詞である。軽動詞構文の形式は、どのような動名詞が現れるかによって決まる。例えば、(5)の軽動詞構文では、「する」と組み合わさっている動名詞の「相談」以外に、名詞が 3 つ現れている。

（ 5 ）　<u>生徒</u>が<u>先生</u>に<u>進路のこと</u>を相談した。

「相談する」という述語が現れる軽動詞構文が(5)のような形式を持つのは、「相談」が〈動作主、目標、対象〉の項構造を持つからである。つまり、(5)の文の形式は動名詞の「相談」がそれぞれの名詞に意味役割を与えることによって決まるのである。

（ 6 ）　<u>生徒</u>が〈動作主〉　<u>先生</u>に〈目標〉　<u>進路のこと</u>を〈対象〉　相談した。

(6)において、「相談」の持つ意味役割の「動作主」は「生徒」に与えられ、「目標」は「先生」に与えられ、そして「対象」は「進路のこと」に対して与えられる。そのために、(6)の「相談する」は、全体として 3 つの項をとる。
　動名詞は、(5)のように動詞と「する」が直接結びついて述語として働く場合には、形態的には複雑な形式を持つ一語の述語として機能する。これに対して、動名詞が「する」のヲ格目的語として現れる場合は、独立の名詞句

として働く。この2つのタイプの表現では「嘘の」や「急な」のような表現による修飾の可能性に違いが生じる。

（7）a.　少年が村人に狼が来ると｛急な／嘘の｝警告をした。
　　 b. *少年が村人に狼が来ると｛急な／嘘の｝警告した。

(7a)の「警告」は、ヲ格で標示され、それ自体で独立の名詞句として機能している。そのため、「嘘の」や「急な」という表現での修飾が可能である。これに対して、(7b)の「警告した」の「警告」は「する」と一体化している。この場合、「嘘の」や「急な」で「警告」を修飾することができない。これは、(複雑な)語の一部を形成する要素を修飾することができないという語の緊密性の制約が(「警告」と「する」が一体化した述語の)「警告する」に適用されるからである。
　(5)では、動名詞「相談」の選択する項は、文中の要素として現れているが、(8)のように動名詞の選択する項が動名詞の中に現れることもある。

（8）a.　生徒が［教室の掃除］をした。
　　 b.　生徒が教室を掃除した。

日本語においては、名詞句の中に別の名詞句が現れると、その名詞句はノ格で標示される。(8a)の「教室」はノ格で標示されているために、その項を選択する動名詞「掃除」の中に現れていることがわかる。一方、(8b)のように「教室」がヲ格で標示された場合には、「掃除」が選択する「教室」は、動名詞「掃除」の外に現れる。なお、(9)の形式は容認されない。

（9）a. *生徒が［教室の掃除］した。
　　 b. *生徒が教室を掃除をした。

(9a)では、「教室」が動名詞「掃除」の中に含まれている。しかし、動名詞「掃除」が動詞「する」と結合して「掃除する」という一語になると、語の

緊密性の制約の違反が起こる。そのために、(9a)の形式は許されない。(9b)の形式も容認されないが、これは、1 つの節(定形節)の中にヲ格名詞句が 2 つ現れていて、日本語の文法制約の 1 つである**二重ヲ格の制約(double-o constraint)**の違反になるためである。

　動名詞の「相談」「警告」のような項構造をもつデキゴト名詞は、**複雑事象名詞(complex event nominal)**と呼ばれる。一方で、項構造を持たないデキゴト名詞もあり、**単純事象名詞(simple event nominal)**と呼ばれる。後者のタイプのデキゴト名詞には「結婚式」「お祭り」「運動会」などがある。これらの名詞は、動詞のようには項を選択しない(つまり、項構造を持たない)ため、「する」と組み合わせて複雑述語を作ることができない。

(10)　*結婚式する、*お祭りする、*運動会する

「結婚式」の場合、「結婚式をする」という表現は可能である(ただし、「結婚式する」は「結婚式をする」の「結婚式を」からヲ格を落とした表現としてなら成り立つ)。この場合の「する」は軽動詞ではなく、「何らかの行為を行う」という実質的な意味を持つ動詞として機能する。したがって、「結婚式を {執り行う／挙行する}」のようにそれほど意味を変えずに、「する」を別の動詞に置き換えられることが多い。これに対して、動名詞と軽動詞「する」が結びつく「相談をする」に対して「#相談を {執り行う／挙行する}」のような置き換えをすると元の意味が保持されなくなる。

　「結婚式」「お祭り」「運動会」は、項構造を持たないものの、デキゴトを表す名詞である。このことは、「〜の最中に」というようなデキゴトの過程を示す表現に埋め込むことができることからわかる。

(11)　運動会の最中に、突然雨が降ってきた。

動名詞についても同じことが観察される。「する」と組み合わせられた動名詞「勉強」も「勉強の最中に電話が鳴った」のように、「〜の最中に」に埋め込むことができる。

　デキゴト名詞とモノ名詞では、興味深い違いが観察される。項構造を持たないデキゴト名詞は「ある」がとるガ格名詞句として使用することができる。その場合、場所を表す句は(12a)のようにデ格で表される。これに対して、「本」などのモノ名詞がガ格名詞として現れる場合には(12b)のように場所句はニ格で表される。

(12) a.　明日神社でお祭りがある。
　　 b.　机の上に本がある。

場所を示すニ格とデ格は、(13)で示されているように、入れ替えることができない。

(13) a.　*明日神社にお祭りがある。
　　 b.　*机の上で本がある。

(12)と(13)からわかるように、「デキゴト名詞」がガ格名詞句として現れる「ある」文では、場所句はデ格になり、「モノ名詞」がガ格名詞句として現れる「ある」文では、場所句がニ格になるのである。

10.3　両義性

　名詞は基本的にデキゴト名詞かモノ名詞のどちらか一方に決まることが多いが、同じ名詞がデキゴトとモノの両方を表すこともある。例えば、日本語の「御神輿」は、デキゴト名詞としてもモノ名詞としても働く。

(14) a.　御神輿の最中に、雨が降ってきた。
　　 b.　明日、近くの神社で御神輿がある。

(14a)の「御神輿」は、お祭りで催されるイベントという意味があり、「～の最中に」のような出来事の過程を示す表現に埋め込むことができるために、

デキゴト名詞であることがわかる。この場合の「御神輿」は項構造を持たないデキゴト名詞(単純事象名詞)であり、「御神輿」がガ格名詞句として現れる(14b)の「ある」文では、場所句はデ格で標示される。これに対して、(15)の「御神輿」は、例えば、重さの記述ができることから、具体物を表すモノ名詞であることがわかる。

(15)a.　この御神輿は約 500 キログラムもある。

　　b.　近所の神社に 500 キログラムもの重さの御神輿があるそうだ。

(15b)の「ある」文に現れる場所句は、ニ格で標示されている。これは、(15b)の「御神輿」が具体的な存在物を表すからである。「御神輿」と同じように、項構造を持たないデキゴト名詞としても機能し、モノ名詞としても機能する名詞には、「寄席」「舞台」「朝市」「獅子舞」などがある。

　さらに、デキゴト名詞の中には「検査」のように場所句がデ格で標示される「ある」文に現れることもできるし、軽動詞「する」と結びつくこともできるものがある。

(16)a.　*病院に検査がある。

　　b.　病院で検査がある。

　　c.　医者が患者を検査する。

(16a-b)で示されているように、「検査」が現れる「ある」文の場所句はニ格ではなくデ格となるので、この場合の「検査」は単純事象名詞として機能している。また、「検査」は、(16c)のように「する」と直接結びついて複雑述語を形成することができるので、項構造を持つ複雑事象名詞としても働くことがわかる。このように、単純事象名詞と複雑事象名詞の両方の働きを持つデキゴト名詞には、「診察」「練習」「連絡」などがある。

考えてみよう

★日本語では、「お茶する」「無茶する」「点茶する」という言い方は自然にできるが、「*抹茶する」「*ウーロン茶する」「*新茶する」という言い方はできないか極めて不自然である。なぜだろうか。考えてみよう。

★「スタバる」「タクる」「写メる」「ググる」などの語は、ものの名前に「る」がついて動詞になっている。このような動詞がどのような意味を表すことができるのか考えてみよう。また、これらの動詞の語幹が何であるかについても考えてみよう。

第 11 章　自他交替

11.1　自他交替とは

　動詞がとる項の数は、動詞が表す意味によって決まる。例えば、(1)から英語の動詞 arrive（到着する）は項を 1 つとり、kick（蹴る）は項を 2 つとることがわかる。

(1)a.　The train arrived.

　　b.　John kicked Bill.

(1a)の arrive（到着する）の表す出来事は、物（あるいは人）がある地点までたどり着けばよいので、動詞が指定する項（参与者）は 1 つあればよい（たどり着く地点を at the station のような前置詞句で指定することもできる）。また、(1b)の kick（蹴る）という行為が成立するためには、蹴る人と蹴られる人（あるいは物）が必要なため、そのような参与者を表す項が 2 つ必要となる。

　arrive（到着する）や kick（蹴る）のような動詞では、動詞がとることのできる項の数は決まっている。したがって、動詞が指定する項の数と異なる数の項が現れる(2)は容認されない。

(2)a.　*The train arrived the passengers.

　　b.　*Bill kicked.

乗客が乗っている電車が到着する場合には、電車の到着と同時に乗客が到着することになるが、そのような状況を(2a)の他動詞文で表すことはできない。この場合には、乗客か電車のどちらかを主語に選び、The passengers arrived. か The train arrived. のように表現しなければならない。また、蹴るという行為を行うことは、蹴る人だけでなく蹴られる人(あるいは物)がなければならないので、蹴る人だけが項(主語)として現れている(2b)のような自動詞文は成立しない。

　しかしその一方で、他動詞文と自動詞文が同じ動詞から作られることもある。例えば、break が使用されている(3)の2つの文はともに文法的である。

(3)a.　John broke the vase.

　　　b.　The vase broke.

(3a)は、他動詞文で、主語の John（ジョン）と目的語の the vase（花瓶)の2つの項が現れている。(3b)は、自動詞文で、そこに現れている項は、主語 the vase の1つのみである。(3)のように基本的に同じ動詞が使用されて、自動詞と他動詞が入れ替わる現象は**自他交替(transitivity alternation)**と呼ばれる。

　(3)のような自他交替は、なぜ起こるのであろうか？これは、break が自動詞と他動詞で異なる意味範囲をカバーするからである。break が他動詞で使われた場合には、行為者である John が花瓶(the vase)に対して何らかの行為を行い、行為が向けられる対象の「花瓶」が割れたという意味を表す。break が自動詞として使われている(3b)においては、花瓶が割れていない状態から割れた状態になったという意味を表すが、どのような原因で破壊に至ったかについてはわからない。そうすると、自動詞と他動詞のカバーする意味範囲は(4)のように表すことができる。

(4)　　　　　　　　　　　　　〈行為〉　　→　　〈結果〉

　　　break（他動詞)　　＝＝＝＝＝　　　　＝＝＝＝＝

　　　break（自動詞)　　　　　　　　　　　＝＝＝＝＝

(3)の break の文はともに、the vase が壊れるという事態が引き起こされることを表すが、それが引き起こされる行為(原因)は指定されてもよいし、指定されなくてもよいのである。

　(3)の break の交替について動詞の項の意味役割という点から考えてみると、(3a)の John は花瓶を壊す行為をする**動作主(agent)**で、the vase は壊される**対象(theme)**である。そうすると、break は(5)のような**項構造 (argument structure)**を持っているとすることができる。

(5)a.　break（他動詞）：　〈動作主、対象〉
　　　b.　break（自動詞）：　〈対象〉

break における他動詞用法と自動詞用法の違いは、動作主(agent)があるかないかということに帰着する。動詞に動作の意味が含まれ、動詞の項構造に動作主が指定される場合には、(3a)の他動詞文が作られるが、動詞に動作の意味がなく動作主を表す項が項構造にない場合には、(3b)の自動詞文が作られる。

　これと同じことは日本語についても言える。例えば、(6)の「閉じる」の例について考えてみよう。

(6)a.　ジョンはドアを閉じた。
　　　b.　ドアが閉じた。

「閉じる」は元来、何かが閉められるという事態を表すが、その原因である行為は動詞の意味に含めても含めなくてもよい。

(7)a.　閉じる(他動詞)：　〈動作主、対象〉
　　　b.　閉じる(自動詞)：　〈対象〉

行為の意味が含まれる場合には、「閉じる」は、(7a)の項構造を持ち、(6a)のような他動詞文が作られる。行為の意味が含まれない場合には、「閉じる」

は、(7b)の項構造を持ち、(6b)のような自動詞文が作られる。

　(3)の英語と(6)の日本語の例においては、自動詞文と他動詞文で同じ動詞が使われている。しかし、日本語の場合、動詞の形態が自他で異なることが多い。例えば、同じような出来事を表す動詞でも、「閉める」と「閉まる」では、自他で異なる形を持つ。この場合、共通の語幹 sim- に対して**他動詞化接辞**の -e が付くか**自動詞化接辞**の -ar が付くかで異なる形態を持つ(つまり、sim.e-ru と sim.ar-u となる)。英語の場合、自他で同じ形になることが多いが、形態が異なる自他のペアも rise/raise, fall/fell, lie/lay などのように少数ではあるが存在する。

　break の自他交替における他動詞の主語には動作主だけでなく**原因(cause)**や**道具(instrument)**を表す項が現れることもある。(8a)の主語 the storm (嵐)は the window (窓)が壊れる原因を表し、(8b)の the hammer (金槌)は道具を表している。

(8)a.　The storm broke the window.

　　　b.　The hammer broke the window.

このことは、break の交替における行為を表す部分は、動作主に限られないという事実を反映している。より一般化すると、他動詞の主語として現れる項は、何らかの状態変化を引き起こす主体になるので、**使役者(causer)**と呼ばれる。使役者の付け外しによって起こる(3)や(6)の自他交替は、特に**使役交替(causative alternation)**と呼ばれる。

　英語の break が常に他動詞文と自動詞文を作ることができるというわけではない。興味深いことに、(9)のように break において自動詞文が成立しない例が見つかる。

(9)a.　John broke the world record.

　　　b.　*The world record broke.

これは、「(記録を)破る」という意味の break が動作主の関与する事態しか

想定できないからである。つまり、記録を破るためには動作主が記録を破る行為を行わなければならず、そのような行為なしには「記録を破る」という事態が成立しないからである。

　同じことは日本語の「破る」においても観察される。(10)では、「破る」の他動詞文が「破れる」の自動詞文と交替できる。

(10)a.　あの人が紙を破った。
　　b.　紙が破れた。

しかしながら、「記録を破る」の意味では、「破る」は他動詞文にしか現れることができない。

(11)a.　あの選手が世界記録を破った。
　　b.　*世界記録が破れた。

世界記録がひとりでに破られるという状況は考えられない。世界記録が破られるとすると、記録を破る行為をする動作主が必ず必要である。したがって、動作主が指定される(10a)の他動詞用法は可能でもそれが指定されない(10b)のような自動詞の用法は不可能なのである。

　使役交替が可能な動詞には、一般に break のように「状態が変化する」という意味を表すものが多く、他には open, burn, close, freeze, melt, shatter, explode のような動詞がある。また、これに加えて、「位置が変化する」という意味を表すタイプの動詞(drop, float, slide, move など)も使役交替を起こす。

(12)a.　John rolled the ball to the fence.
　　b.　The ball rolled to the fence.

「ボールを転がす」あるいは「ボールが転がる」という出来事は、転がる前と後ではボールの位置が変わるので、roll（転がす／転がる）は、対象の「位置変化」の意味を表す。(12a)では、主語の John と目的語の the ball（ボー

ル）という 2 つの項が現れ、John が何らかの行為を行い、the ball が移動したという意味を表す他動詞文が成立している。他方、(12b)は、主語の the ball だけが現れ、その主語の「位置変化」の意味を表す自動詞文となっている。(12)の交替も行為の意味が含まれるかどうかによって自他の交替が成立するのである。

　これまで見てきた例では、他動詞の目的語と自動詞の主語がともに変化の「対象」と同定されるという意味関係があるが、これ以外に、(13)のように他動詞と自動詞の主語(John)が同じで、目的語(his clothes)の有無で起こる自他交替も観察される。

(13) a.　John changed his clothes for the party.

　　b.　John changed for the party.

(13)の自他交替では、対象を表す項が現れるどうかが異なる。したがって、他動詞の change は(14a)の項構造を持ち、自動詞の change は(14b)の項構造を持っている。

(14) a.　change（他動詞）：　〈動作主、対象〉

　　b.　change（自動詞）：　〈動作主〉

(13)の交替は、動作主の取り外しによる自他交替(使役交替)とは異なるタイプの交替である。

11.2　自動詞用法の意味

　使役交替を起こす動詞が自動詞として用いられる場合の意味についてもう少し詳しく考えてみることにする。英語の sink のような動詞が自動詞として使用された場合には動作主は現れないが、対応する受身文では動作主を by 句で表すことが可能である。

(15) a.　Bill sank the boat.

　　 b.　The boat was sunk by Bill.

　　 c.　The boat sank (*by Bill).

(15b) の by で表される Bill は、ボートを沈めた動作主に当たるが、このような動作主は (15c) の自動詞文では表出できない。これは、受身文とは異なり、自動詞 sink は、外的な原因によって事態が引き起こされるという意味を表さないからである。日本語も同じで (16) の「燃やす」も使役交替が可能な動詞であるが、(16b) の受身文の「によって」で表されている「太郎」を (16c) のように自動詞文に加えることはできない。

(16) a.　太郎が紙を燃やした。

　　 b.　紙が太郎によって燃やされた。

　　 c.　紙が (*太郎によって) 燃えた。

(16c) の自動詞文で「太郎によって」を表出することができないのは、この自動詞が表す事態が外的な原因によって引き起こされていない事態を表すからである。

　使役交替を起こす動詞が自動詞として使用された場合には、主語の内的な性質により引き起こされる出来事を表すこともある。例えば、ボートが沈む場合、重さなどボート自体に原因があって沈むこともあり、sink のような動詞が自動詞として用いられた場合には、このような内的な要因で引き起こされたと認識される（また、出来事が起こる原因が明確でない場合もある）。したがって、自動詞文では all by itself（勝手に）のような修飾語を文に加えても意味的な逸脱は起こらない。

(17) a.　The boat sank all by itself.

　　 b.　花瓶が勝手に割れた。

(17) の事実は、sink や「割れる」という出来事が外部の力によって引き起こ

84

されているのではないことを示している。このことから、sink や「割れる」が自動詞として使用された場合には、外的な要因に影響されずに起こるという「自然発生的な事態(あるいは出来事)」を表していることがわかる。

(18)a.　*The boat was sunk all by itself.
　　b.　*花瓶が勝手に割られた。

他方、受動文では外的な要因が想定されるために、(18)のように、all by itself や「勝手に」は共起できない。

考えてみよう

> ★「流す」では、(1)と(2)で示されているように自他交替ができる場合とできない場合がある。なぜこのような違いが起こるのか考えてみよう。
>
> （1）a.　子供がトイレの水を流した。
> 　　b.　トイレの水が流れた。
>
> （2）a.　子供がお父さんの背中を流した。
> 　　b.　*お父さんの背中が流れた。
>
> ★「(何事かを)叫ぶ」「(過酷な人生を)生きる」「(相手のことを)笑う」などは、対象をとりはずすことで自他交替が起きている。どのような時にこのような交替が可能になるのか考えてみよう。

第 12 章　非能格動詞と非対格動詞

12.1　自動詞の 2 分類

　伝統文法においては、自動詞は項を 1 つだけとる動詞であると定義される（この項は主語として機能する）。このような自動詞の見方をとると、自動詞は 1 種類しかありないことになる。しかし、自動詞をよくよく観察すると、自動詞は見た目とは異なり、少なくとも 2 つのクラスに分けられることがわかる。最初に、(1)の自動詞文に現れる下線の引かれた表現に注目してみよう。

(1)a.　The vase broke <u>into pieces</u>.
　　 b.　花瓶が<u>粉々に</u>割れた。

(1a)の into pieces（粉々に）や(1b)の「粉々に」は、省略しても完全な文になるので、文中においては必ずしも必要でない修飾語で、**付加詞（adjunct）**と呼ばれる。意味的には、これらの付加詞は、花瓶が割れているという花瓶の状態を補足的に叙述している。副次的に文中の項と**叙述（predication）**の関係を結ぶ要素は、**二次述語（secondary predicate）**と呼ばれ、特に、into pieces や「粉々に」のように、項の結果状態を指定するものを**結果述語（resultative predicate）**と呼ぶ。

　into pieces や「粉々に」のような結果述語には、どのような項を叙述するかに関して一定の文法的な制限が観察される。結果述語は、(2)のように、最も典型的には他動詞の目的語を叙述する。

(2)a.　John broke the vase <u>into pieces</u>.
　　　b.　太郎が花瓶を<u>粉々に</u>割った。

また、(2)を受身にした(3)の文に現れる主語も、結果述語 into pieces や「粉々に」による叙述が可能である。

(3)a.　The vase was broken <u>into pieces</u>.
　　　b.　花瓶が<u>粉々に</u>割られた。

(1)や(3)においては、結果述語が主語を叙述しているが、いつでもそのような叙述が可能なわけではない。例えば、(4)では、breathless（息切れ）や「へとへとに」による主語の叙述ができない。

(4)a.　*John ran <u>breathless</u>.
　　　b.　*太郎が<u>へとへとに</u>走った。

breathless や「へとへとに」は into pieces や「粉々に」と同じように結果状態を記述できる（日本語の「へとへとに」と「粉々に」は「へとへとになる」「粉々になる」というように「なる」に埋め込めることから結果を叙述できることがわかる）。しかし、(4)のような結果叙述は容認されない。また、(5)のような他動詞文の主語も結果述語 breathless や「へとへとに」と叙述関係を結ぶことができない。

(5)a.　*John broke the vase breathless.
　　　b.　*太郎が花瓶をへとへとに割った。

人間が走ることや花瓶を割ることなど、なんらかの行為を行った結果、息切れをしたり、へとへとに疲れたりするという状況は十分に考えられる。それでも、(4)や(5)で結果述語が主語の結果状態を記述することはできないのである。

　(1)と(4)から、結果述語が叙述できる自動詞の主語とできない自動詞の主語の２種類が存在するということがわかる。これは、結果述語が最も典型的に目的語と叙述関係を結ぶということと関係がある。このことは、項が持つ意味役割との関連で考えるとわかりやすい。まず、他動詞の break は〈動作主、対象〉という項構造を持ち、動作主が主語、対象が目的語として現れる。そうすると、結果述語による項(主語・目的語)の叙述の可否は以下のように表すことができる。

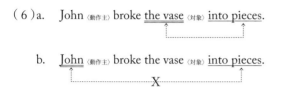

(6)a.　John 〈動作主〉 broke the vase 〈対象〉 into pieces.

　　b.　John 〈動作主〉 broke the vase 〈対象〉 into pieces.

(6)の矢印からわかるように、二次述語の into pieces（粉々に）は、対象の意味役割を持つ目的語の the vase（花瓶）を修飾することはできる。しかし、動作主の意味役割を持つ主語の John を修飾することはできない。また、break の受動文の主語も対象項である。この対象項は、表面上は主語の位置に現れるが、もともとは目的語であるために、(3)の受動文に対しては(7)のような叙述関係が想定できる。

(7)　[　　　]　was broken　the vase 〈対象〉 into pieces.

(2)の他動詞文を受身化しても、into pieces や「粉々に」の叙述ができるのは、(7)において(6a)と同じような関係が成り立つためである。つまり、受動文の主語で対象の意味役割を持つ項は目的語の位置に最初に現れるのである。したがって、二次述語の叙述は目的語の位置にある項に対して可能であるという一般化を引き出すことができる。

　ここで自動詞に目を向けると、まず、run のように意図的な動作を表す自動詞の主語は他動詞 break の主語と同じ動作主の意味役割を持つ。他方、自

動詞の break のような意図的でない出来事を表す自動詞の主語は、他動詞
break の目的語と同じ対象の意味役割を持つことから、最初は目的語の位置
にあったと考えられる。そうすると、(1a)の break の自動詞文には(8)のよ
うな叙述の関係を想定することができる。

(8)　[　　　]　broke　the vase〈対象〉　into pieces.

自動詞 break のとる対象項は、他動詞の受動文の主語と同じようにもともと
は目的語の位置に現れて、その後に主語となるために、結果述語による叙述
が可能となるのである。これに対して、自動詞 run のとる項は動作主の意味
役割を持つ。動作主項は、主語の位置に最初から現れる純粋な主語である。

(9)　John〈動作主〉　ran　breathless.
　　　　　　　X

動作主の意味役割を持つ項は、目的語の位置には現われないため、(9)に示
すように、breathless（息切れ）のような結果述語で叙述できない。したがっ
て、(4a)では「ジョンが息切れした」という解釈が得られないのである。
　自動詞は項を1つしかとらず、その項が主語として現れる。しかし、自
動詞の主語の意味役割が対象であるか動作主であるかによって結果述語の叙
述可能性が異なるのである。
　ここでの説明は、結果述語が単に対象項を叙述するのではなく、目的語の
位置に現れる対象項を叙述するとしている。結果述語に対してこのような規
定をする1つの理由として、英語の run のような動詞において(10)のような
結果述語の叙述が許されることが挙げられる。

(10)　John ran himself breathless.

(10)は、「ジョンが走った結果息切れした」という意味を表す。この場合に

は結果述語の breathless は目的語の himself を叙述できる。

(11)　John ⟨動作主⟩　ran　himself ⟨対象⟩　breathless.

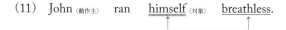

(11)のような文では、息切れする対象と解釈される目的語は結果述語とともに現れなければならない。したがって、目的語を単独で表出する*John ran himself. のような文は容認されない。このように、結果述語の叙述には対象の意味役割を持つ目的語が必要とされるのである。

　結果構文における結果叙述の事実から、自動詞 break がとる対象項は、他動詞の目的語の位置に、自動詞の run がとる動作主項は、他動詞の主語の位置に最初に現れることがわかる。つまり、結果述語の叙述の可能性は、**表層のレベル(surface level)** ではなく **基底のレベル(underlying level)** で決まるのである。

(12)a.　break（他動詞）：[　〈動作主〉　　[　〈対象〉　　動詞]]
　　 b.　run：　　　　　　[　〈動作主〉　　[　　　　　動詞]]
　　 c.　break（自動詞）：[　　　　　　　　[　〈対象〉　　動詞]]

動作主の意味役割が主語位置、対象の意味役割が目的語の位置で与えられるとすると、基底のレベルでは自動詞の run と break は、(12b)と(12c)のような構造を持っていると考えられるが、run と break のとる唯一の項は、その意味的な性質にかかわらず最終的には主語として機能する。

　動作主の意味役割を持つ項は、典型的に主語の位置に現れるので **外項(external argument)** と呼ばれる。「対象」の意味役割を持つ項は、典型的に目的語の位置に現れるので **内項(internal argument)** と呼ばれる。そして、自動詞 break のように、「内項」を主語にとるタイプの自動詞は **非対格動詞(unaccusative verb)** と呼ばれる。自動詞 run のように「外項」を主語にとるタイプの自動詞は **非能格動詞(unergative verb)** と呼ばれる。自動詞を主語のタイプによって2種類に分類する考え方は **非対格仮説**

(Unaccusative Hypothesis) と呼ばれる。

　意味的な観点から言えば、非能格動詞は主語が意図的な動作を行うという意味を表す。これに対して、非対格動詞は典型的には「変化、存在、出現・消失、発生」などの意味を表す。(13)が代表的な非能格動詞と非対格動詞の例である。

(13) a.　非能格動詞

　　　　work, play, swim, dance, jump, walk, fight, shout, bark, smile, cry, etc.

　　　　歩く、走る、泳ぐ、跳ぶ、遊ぶ、叫ぶ、笑う、など

　　b.　非対格動詞

　　　　fall, sink, float, freeze, melt, open, appear, occur, exist, remain, etc.

　　　　落ちる、伸びる、上がる、転がる、出現する、発生する、枯れる、生まれる、死ぬ、溺れる、など

break は、(1a)と(2a)のように、使役交替を起こす動詞で、break が自動詞として用いられる場合には、非対格動詞に分類される。また、(13)からわかるように、非対格動詞には、(appear, exist,「発生する」「溺れる」などの)使役交替を起こさない動詞も含まれる。

12.2　非対格動詞と非能格動詞の区別

　非能格動詞は外項をとり、非対格動詞は内項をとる。自動詞のとる唯一の項は、最終的には主語の位置に現れるものの、(先に見た結果述語による叙述以外に)基底のレベルでの位置に由来するような性質を示してもよいはずである。実際、非対格・非能格の区別に由来すると考えられる言語現象がいくつか存在する。例えば、(14)の there 構文においては、主語の位置に具体的な意味を表さない**虚辞(expletive)** の there が現れ、目的語の位置に a book（本）が現れている。

(14)　There is a book on the table.

非対格動詞の項が目的語位置に由来し、非能格動詞の項が主語位置に最初か
ら存在するのであれば、非対格動詞は there 構文に現れることができるが、
非能格動詞は there 構文に現れることができないことが予測される。この予
測は以下に示すように正しい。

(15)a.　There melted an ice cube.
　　b.　Over 100 years ago, there existed an island in that area.
(16)a.　*There walked a teacher to the corner.
　　b.　*Suddenly, there shouted a young boy from the house.

(15)から、非対格動詞の melt（溶ける）と exist（存在する）は there 構文に現
れることができ、(16)から、非能格動詞の walk（歩く）と shout（叫ぶ）は
there 構文に現れることができないことがわかる。
　さらに、非対格動詞と非能格動詞は、意図的な行為を表す主語を修飾する
deliberately（わざと）のような**動作主指向副詞（agent-oriented adverbs）**
を使って区別することができる。

(17)a.　John <u>deliberately</u> danced at school.
　　b.　Mary <u>deliberately</u> ran to the center.
(18)a.　*The boat <u>deliberately</u> sank in the lake.
　　b.　*Mary <u>deliberately</u> appeared in the shade.

非能格動詞の dance（踊る）と run（走る）の主語である John と Mary は動作
主を表す。そのため、(17)の 2 つの文では、動作主を修飾する副詞
deliberately（わざと）と共起できる。他方、非対格動詞の sink（沈む）と
appear（現れる）は、動作主を主語にとらないので、(18)で示されているよ
うに、deliberately（わざと）とは共起できない。
　日本語においても、英語と同じく動作主指向副詞の「わざと」を用いて、

非能格動詞と非対格動詞の 2 つの自動詞を区別することができる。

(19) a.　太郎が<u>わざと</u>向こう岸まで泳いだ。
　　 b.　花子が<u>わざと</u>部屋で叫んだ。
(20) a.　*ボールが<u>わざと</u>転んだ。
　　 b.　*地震が<u>わざと</u>発生した。

(19)の非能格動詞「泳ぐ」と「叫ぶ」では「わざと」が共起できるが、(20)の非対格動詞「転ぶ」と「発生する」では「わざと」は共起できない。
　また、日本語では「かけ」構文で非能格動詞と非対格動詞を見分けることもできる。(21)の「食べかけ」は目的語の「りんご」を修飾することはできるが、主語の「太郎」を修飾することはできない。

(21) a.　太郎がりんごを食べた。
　　 b.　食べかけのりんご(*食べかけの太郎)
(22) a.　落ちかけの葉っぱ
　　 b.　転がりかけのボール
(23) a.　*叫びかけのこども
　　 b.　*走りかけのランナー

非対格動詞「落ちる」や「転がる」の主語は、基底のレベルでは目的語の位置にあるので「かけ」構文を作ることができる。これに対して、非能格動詞「叫ぶ」や「走る」の主語は基底のレベルから主語位置にあるので、(23)のような「かけ」構文を作ることはできない。
　非対格動詞は、出来事の自然発生や変化などの意味を表し、対象項をその唯一の項としてとる。これに対して、非能格動詞は、意図的な行為の意味を表し、動作主項を唯一の項としてとる。英語でも日本語でも、いくつかの構文において、非対格動詞の主語は他動詞の目的語と同じ振る舞いを示し、非能格動詞の主語は他動詞の主語と同じ振る舞いを示す。

考えてみよう

★以下の例がそれぞれ非能格動詞と非対格動詞のどちらに分類できるか
　考えてみよう。
（1）a.　作業員が働く。
　　　b.　勘が働く。
（2）a.　恋に落ちた。
　　　b.　試験に落ちた。
（3）a.　子供が笑う。
　　　b.　膝が笑う。
（4）a.　選手が走る。
　　　b.　戦慄が走る。
★「花瓶が割れる」と「花瓶が倒れる」の「割れる／倒れる」は非対格
　動詞である。しかし、「花瓶が粉々に割れる」とは言えても「*花瓶
　が粉々に倒れる」とは言えない。なぜだろうか。考えてみよう。

第13章　複合動詞

13.1　動詞と動詞の合成

　動詞と動詞が組み合わされて作られる**複合動詞(compound verb)**は、複合語の一種である。日本語では、「動詞＋動詞」の形式を持つ複合動詞が数多く存在する(前部に現れる動詞は**前項動詞(V1)**、後部に現れる動詞は**後項動詞(V2)**と呼ばれる)。ちなみに、英語で複合動詞とみなすことができるものは stir（かき混ぜる）と fry（炒める）が組み合わさった stir-fry（すばやく炒める）や freeze（凍らせる）と dry（乾燥させる）が組み合わさった freeze-dry（冷凍乾燥させる）などごく少数存在するだけである。

　日本語の複合動詞は、一般に、連用形動詞の後に動詞が続くという形式を持つ。(1a)では「書き（「書く」の連用形）」と「始める」から「書き始める」という複合動詞が作られており、(1b)では「切り（「切る」の連用形）」と「倒す」から「切り倒す」という複合動詞が作られている。

（1）a.　太郎が本を書き始めた。
　　 b.　花子が木を切り倒した。

(1a)の「書き始める」と(1b)の「切り倒す」は、見た目は同じ V-V の形式を持っているが、いくつかの点において違いが観察される。ここでは、特に尊敬語化・「そうする」の代用・受身化の3つについて考えてみる。

　まず、日本語の動詞の主語尊敬語化は、動詞を「お〜になる」という表現に挟み込むことによってできる。これを(1a)と(1b)の複合動詞の前項動詞に

96

当てはめると、(2)のような文法性の対比が現れる。

（2）a.　山田先生が本をお書きになり始めた。
　　 b. *山田先生が木をお切りになり倒した。

(2a)の「お書きになる」という表現は、「書き始める」の前項動詞「書く」に主語尊敬語化の操作をかけることによって作られるもので、「お書きになり始める」という表現が可能である。しかし、(2b)の「切り倒す」の前項動詞「切る」に主語尊敬語化の操作をかけて「*お切りになり倒す」としても非文法的になる。このように、(1)の複合動詞は、前項動詞に対する主語尊敬語化の操作に対して異なる振る舞いを示す。（「お書き始めになる」や「お切り倒しになる」のように、複合動詞全体を「お〜になる」の中に入れる主語尊敬語化の操作は両方の複合動詞において可能である。）
　次に、「そうする」の代用については、(3)のように同じ動詞が繰り返される文脈では、2回目に現れる動詞を「そうする」で代用できる。

（3）　太郎が［走った］ので、花子も［そうした］(＝走った)。

(3)の「そうした」は、「走った」の意味でとることができる。このことは、(3)のような場合、「走る」を「そうする」で代用できることを示している。「そうする」の代用においても(1a)と(1b)は前項動詞に対する適用に関して文法性に違いが見られる。

（4）a.　太郎が本を［書き］始めたので、花子も［そうし］始めた(＝書き始めた)。
　　 b. *父が木を［切り］倒したので、息子も［そうし］倒した(≠切り倒した)。

(4a)では、角括弧［　］で囲まれている「書き始める」の前項動詞「書く」を「そうする」で代用し「そうし始めた」とすることができる。これに対し

て、(4b)では、「切り倒す」の前項動詞「切る」を「そうする」で代用して「＊そうし倒した」と言うことができない。(複合動詞「書き始める」や「切り倒す」全体を「そうする」で代用することはできる。)

　最後に、受身の可能性について見ると、「書き始める」と「切り倒す」では、(5)のように前項動詞に対する受身操作についても文法性の対比が観察される。

(5)a.　本が書かれ始めた。

　　b.　＊木が切られ倒した。

「書き始める」は、前項動詞「書く」を受身形にして(5a)のように文法的な文を作ることができるが、「切り倒す」では(5b)からわかるように前項動詞「切る」を受身形にはできない。(受身化の場合も「本が書き始められた」や「木が切り倒された」のように複合動詞全体に対して受身化の操作をかけることは可能である。)

　以上のように、(1a)の「書き始める」と(1b)の「切り倒す」は、「動詞＋動詞」という同じ形式を持っているが、前項動詞に対する主語尊敬語化・「そうする」の代用・受身化の可能性において文法性に対比が観察される。2つのタイプの複合動詞に見られる統語的な振る舞いの違いは、複合動詞の統語構造の違いに起因する。

　「書き始める」という複合動詞は、見た目は1つになっているが、見た目とは異なり統語的には「書く」と「始める」が独立の動詞として働く。そのため、その複合動詞の一部である「書き」の部分に(主語尊敬語化・「そうする」の代用・受身化などの)統語操作が適用可能なのである。そうすると、「書き始める」の構造は(6)のように表示できる。

(6)　［書き］［始める］

(6)の角括弧［　］は語としてのまとまりを表している。「書き始める」のように前項動詞(「書く」)と後項動詞(「始める」)が統語的に独立した形で存在

する複合動詞は、**統語的複合動詞**(syntactic V-V compound)と呼ばれる。

　他方、複合動詞「切り倒す」は、前項動詞(切る)に対する統語操作ができない。これは「切る」と「倒す」が統語的にそれぞれ独立した形では存在せず、「切り倒す」全体で一語と機能しているからである。そうすると、「切り倒す」の構造は(7)のように表示できる。

（7）　［切り倒す］

前項動詞と後項動詞が統語的に独立の要素として働かない「切り倒す」のような動詞(つまり、「切り倒す」ように全体が一語で働く動詞)は、**語彙的複合動詞**(lexical V-V compound)と呼ばれる。

13.2　前項動詞と後項動詞の組合せ

　「書き始める」のような統語的複合動詞と「切り倒す」のような語彙的複合動詞は、統語的な振る舞いに違いが観察されるが、どのような動詞が組み合わせられるかに関しても一定の制限が存在する。

　統語的複合動詞は、使用できる後項動詞の種類に制約がある。統語的複合動詞の後項動詞には「開始」「継続」「終了」「未達成」などの主にアスペクトを表すものが現れる。代表的な統語的複合動詞の後項動詞には(8)のようなものがある。

（8）　(話し)終わる、(払い)終える、(話し)始める、(しゃべり)続ける、
　　　 (歩き)過ぎる、(食べ)そこなう、(しゃべり)まくる、(飲み)かける、
　　　 (読み)直す、(見)慣れる、(書き)忘れる、(乗り)損ねる、など

統語的複合動詞の場合、後項動詞の種類は限られるが、前項動詞は(後項動詞が課す意味的な制限を満たす限りにおいて)基本的にどのような動詞が現れてもよい。

　語彙的複合動詞の場合は、前項動詞と後項動詞に対する組み合わせに制限

がかかる。例えば、「駆け降りる」という複合動詞は存在するが、「*駆け落ちる」という複合動詞は存在しない。

（ 9 ）a.　花子が階段を駆け降りた。
　　　b.　*花子が階段から駆け落ちた。

(9a)の「駆け降りる」は駆けて降りるという意味を表す。現実の世界では駆けて落ちるという状況は容易に想像できるが、(9b)の「*駆け落ちる」という複合動詞を作ることはできない。
　語彙的複合動詞の組み合わせの制限は、動詞の表す意味と関係がある。ここで、複合動詞に現れる動詞を（主語と目的語をとる）他動詞、（意図的な行為を表す自動詞である）非能格動詞、（非意図的な出来事を表す自動詞である）非対格動詞に分けると、以下のような組み合わせで複合動詞を作ることができる。

(10)a.　他動詞＋他動詞
　　　　　買い取る、追い払う、撃ち抜く、突き倒す、口説き落とす、など
　　　b.　非能格動詞＋非能格動詞
　　　　　遊び歩く、遊び戯れる、跳ね起きる、駆け登る、舞い踊る、など
　　　c.　非対格動詞＋非対格動詞
　　　　　崩れ落ちる、転がり落ちる、倒れ掛かる、凍え死ぬ、など
　　　d.　他動詞＋非能格動詞
　　　　　探し歩く、売り歩く、よじ登る、突っ走る、待ち暮らす、など
　　　e.　非能格動詞＋他動詞
　　　　　遊び倒す、舞い出る、笑い飛ばす、乗り換える、など

他方、(11)は不可能な組み合わせ（実際には存在しない複合動詞）である。

(11)a.　他動詞＋非対格動詞
　　　　　*洗い落ちる、*ぬぐい乾く、*切り崩れる、など

b. 　非対格動詞＋他動詞

　　　＊倒れ起こす、＊崩れ落とす、＊揺れ落とす、など

c. 　非能格動詞＋非対格動詞

　　　＊叫び倒れる、＊走り転ぶ、＊遊び崩れる、など

d. 　非対格動詞＋非能格動詞

　　　＊転び走る、＊崩れ歩く、＊流れ働く、＊明け暮らす、など

(10)と(11)から、語彙的複合動詞では、「他動詞と他動詞」「非能格動詞と非能格動詞」「非対格動詞と非対格動詞」「他動詞と非能格動詞」の組み合わせは可能であるが、「他動詞と非対格動詞」「非能格動詞と非対格動詞」の組み合わせは基本的に不可能であることがわかる。(だだし、「走りくたびれる」「見ほれる」のような例外もある。)

　なぜ語彙的複合動詞には、上のような動詞の組合せの制約があるのであろうか。この制約を考えるために、それぞれの動詞のとる項の性質について考えてみよう。他動詞は、外項(動作主)と内項(対象)をとる動詞である。これに対して、非能格動詞は、外項(動作主)を1つとる動詞、非対格動詞は、内項(対象)を1つとる動詞である。統語的な点から言えば、内項はもともと動詞の目的語の位置にあり、外項はもともと主語の位置にあると考えられる。そうすると、上で見た3種類の動詞は、以下のような項構造が仮定できる。

(12)a. 　他動詞：　　　　　　〈x　〈y〉〉

　　b. 　非能格動詞：　　　　〈x　　　〉

　　c. 　非対格動詞：　　　　〈　　〈y〉〉

(12)において、xは動詞句の外に現れる外項を表し、yは動詞句の中に現れる内項を表す。他動詞と非能格動詞はどちらも外項を持つという点で同じタイプの動詞に属する。そして、これらの動詞は内項を持つ非対格動詞とは異なるタイプに入る。

(13)

| 他動詞 | 〈x 〈y〉〉 |
| 非能格自動詞 | 〈x 〉 |

| 非対格自動詞 | 〈 〈y〉〉 |

語彙的複合動詞では(13)で同じタイプに属する動詞を組み合わせることができるのである。したがって、「他動詞と他動詞」「他動詞と非能格動詞」「非能格動詞と非能格動詞」との組み合わせは許される。異なる種類の動詞を組み合わせる場合、その順序には制限がなく、非能格動詞と他動詞のどちらが前項動詞となっても後項動詞となってもよい。非能格動詞と他動詞と異なるタイプに属する非対格動詞は、「非対格動詞と非対格動詞」の組み合わせのみが可能である。それ以外の組み合わせは(11)で示されているように不可能である。このような動詞の組み合わせに関する制約は**他動性調和の原則(Transitivity Harmony Principle)**と呼ばれる。

考えてみよう

★「レモン汁を絞り出した」には2つの意味があるが、「レモン汁が流れ出た」には1つの意味しかない。なぜだろうか。考えてみよう。

★展示されている宝石がいつの間にか本物からニセモノに変わっている場合には、(1a)と言っても(1b)と言ってもよい。

(1)a.　いつのまにか、<u>本物</u>が<u>ニセモノ</u>に置き換わっていた。
　　　 b.　いつのまにか、<u>ニセモノ</u>が<u>本物</u>に置き換わっていた。

しかし、古いアパートがマンションになっていた場合には(2a)のように言えても、(2b)のように言うと変である。

(2)a.　いつのまにか、<u>古いアパート</u>が<u>マンション</u>に建て替わっていた。
　　　 b.　#いつのまにか、<u>マンション</u>が<u>古いアパート</u>に建て替わっていた。

(1)では、下線の表現を入れ替えても同じ状況を記述できるが、(2)ではそれができない。なぜだろうか。考えてみよう。

第14章　語彙的アスペクトと時間副詞

14.1　出来事の内部構造

　文が表す**出来事(event)**は、過去・現在・未来という時間軸に位置づけられる必要がある。この機能は**時制(tense)**が担うが、それとは独立に、動詞自体が表す出来事にも(時間に沿った展開という)内部の構成を考えることができる。

(1)a.　Mary walked along the river.

　　b.　The train arrived at platform 8.

　　c.　John wrote a letter.

　　d.　Bill lives in New York.

(1)の4つの動詞 walk（歩く）、arrive（到着する）、write（書く）、live（住んでいる）は、それぞれ何らかの事態(出来事あるいは状態)の意味を表すが、異なる意味範囲をカバーする。walk は、「歩く」という動作(行為)、arrive は「到着する」という出来事の変化、write は「書く」という行為と「(手紙が)書き上がる」という結果までの出来事の意味を表す。そして live は「住んでいる」状態にあるという意味を表す。それぞれの動詞がどのような意味範囲をカバーするかについては、出来事の因果関係、すなわち、「行為から変化・結果へ移る」**使役関係(causal relation)**を考えるとわかりやすい。

（2）	〈行為〉	→	〈変化〉	→	〈結果状態〉
a. walk：	＝＝＝＝				
b. arrive：			＝＝＝＝		＝＝＝＝
c. write（a letter）：	＝＝＝＝		＝＝＝＝		＝＝＝＝

			〈状態〉
d. live：			＝＝＝＝

walk は(2a)で表されているように「歩く」という行為だけを意味に含む。特に、walk は動作を継続的に行うことができる行為を表し、この動詞には行為が始まる時点や終わる時点が指定されていない。これに対して、arrive は(2b)で示されているように、行為の意味はなく、出来事の変化とその結果状態の意味(「電車が着く」という出来事の変化が起こり「電車が着いている」という状態になること)を表す。write（a letter）では「書く」という行為とそれによってもたらされる変化とその結果状態(「手紙が書かれた状態にある」こと)までを意味する。live は、(2d)のように動詞の意味には行為や変化が含まれず、単に「住んでいる」状態にあるという意味を表す。

　(2)で示したように、動詞には「行為」や「変化」あるいは「状態」などといった**アスペクト(相)**と呼ばれる出来事の内部に存在する時間の展開を表す側面が意味として含まれている。特に、述語(動詞)が表す出来事の側面は**語彙的アスペクト(lexical aspect)**と呼ばれる(また、ドイツ語の**アクチオンスアルト(Aktionsart)**という用語を用いることもある)。動詞は記述する出来事のタイプ(語彙的アスペクト)に応じて、4つのタイプに分類できる。(2a)の walk タイプの動詞は、**活動動詞(activity verb)**、(2b)の arrive タイプの動詞は**到達動詞(achievement verb)**、(2c)の write（a letter）タイプの動詞は**達成動詞(accomplishment verb)**、そして(2d)の live タイプの動詞は**状態動詞(stative verb)**と呼ばれる。語彙的アスペクトに基づく意味分類は、この意味分類を最初に提案したとされる哲学者の Zeno Vendler にちなんで **Vendler の4分類**と呼ばれる。

14.2　動詞によるアスペクトの違い

　動詞の語彙的アスペクトの違いは、さまざまな言語現象に反映される。こ
こでは、一見 for one hour と in one hour のように前置詞が違うだけで同じ
意味を表すように見える時間副詞の振る舞いについて観察してみよう。ま
ず、for 時間副詞は出来事の継続の期間を表すが、出来事のどの部分を指す
かは動詞のタイプによって異なる。

(3)a.　Mary walked for one hour.

　　b.　*The train arrived for one hour.

　　c.　?John wrote a letter for one hour.

　　d.　Bill lived in New York for one year.

(3a)の walk は「歩く」という行為を表し、for one hour は行為の継続時間を
指す。arrive は瞬時に起こる変化を表すが、この変化を for one hour で表す
ことができず、(3b)は非文となる。(3c)の場合は、write の行為の部分を for
one hour が指す(ただし、多少ぎこちなくなる)。live のような状態動詞にお
いては、for one year は状態の継続期間を表すことになる。そうすると、for
時間副詞がそれぞれのタイプの動詞のどこの継続時間を指すかを図示すると
(4)のようになる。

(4)　　　　　　　　　〈行為〉　→　〈変化〉　→　〈結果状態〉

　　a.　walk：　　　　＝＝＝＝

　　b.　*arrive：　　　　　　　　　　＝＝＝＝　　　　　＝＝＝＝

　　c.　?write (a letter)：　＝＝＝＝　　　＝＝＝＝　　　　＝＝＝＝

　　　　　　　　　　　　　　　　　　　　　　　　　〈状態〉

　　d.　live：　　　　　　　　　　　　　　　　　　＝＝＝＝

(4)から、for 時間副詞は変化を起こさない行為あるいは状態の継続時間を指

すことがわかる。for one hour は、walk や write の場合は行為の継続時間、live の場合は状態の継続時間を指すのである。行為に当たる部分の意味がない arrive のような動詞は、for one hour の修飾を許さない。

　出来事の継続時間を表す for 時間副詞と対照的なのが in 時間副詞である。in one hour や in one year は、それぞれのタイプの動詞に対して(5)のような分布を示す。

(5)a.　*Mary walked in one hour.

　　b.　The train arrived in one hour.

　　c.　John wrote a letter in one hour.

　　d.　*Bill lived in New York in one year.

in one hour は変化の意味を持つ動詞と共起できる。arrive や write は変化の意味を表すため、in one hour は変化にたどり着くまでの時間を指定できることがわかる。一方、変化の意味を表さない walk や live は in one hour や in one year とは共起しない。これらのことは、(6)のように図示するとわかりやすい。

(6)　　　　　　　　　　　〈行為〉　→　〈変化〉　→　〈結果状態〉

　　a.　*walk：　　　　　＝＝＝＝

　　b.　arrive：　　　　　　　　　　　＝＝＝＝　　　　　＝＝＝＝

　　c.　write (a letter)：　＝＝＝＝　　　＝＝＝＝　　　　　＝＝＝＝

　　　　　　　　　　　　　　　　　　　　　　　　　　　〈状態〉

　　d.　*live：　　　　　　　　　　　　　　　　　　　　＝＝＝＝

arrive のような到達動詞では、in 時間副詞は「到着していない」状態から「到着した」状態に至るまでの移行期間を指す。write (a letter)のような達成動詞については、in 時間副詞は(「書く」行為の結果生じる)「手紙が書き上がっていない」状態から「手紙が書き上がっている」状態に至るまでの移行

時間を指すのである。

　同様のことは日本語においても観察される。(7)の(英語の for one hour に相当する)「1 時間」は、活動動詞「歩く」、状態動詞「いる」、達成動詞「(絵を)描く」と共起できるが、到達動詞「到着する」とは共起できない。その一方で、(英語の in one hour に相当する)「1 時間で」は、到達動詞「到着する」と達成動詞「描く」とは共起できるが、活動動詞「歩く」や状態動詞「いる」とは共起できない。

（ 7 ）a.　　学生が ｛1 時間／*1 時間で｝ 歩いた。

　　　 b.　　電車が ｛*1 時間／ 1 時間で｝ 到着した。

　　　 c.　　花子が ｛1 時間／ 1 時間で｝ 絵を描いた。

　　　 d.　　子供が公園に ｛1 時間／*1 時間で｝ いた。

「歩く」「(絵を)描く」「いる」のような動詞は、行為や状態を表す意味を含む。したがって、その時間幅を「1 時間」で表すことができる。これに対して、行為や状態を表す意味の部分がない「到着する」には「1 時間」が使用できない。「1 時間で」は、変化の意味を表す意味部分を持つ「到着する」「(絵を)描く」では共起できるが、変化を表す意味部分がない「歩く」と「いる」では共起できない。このように、日本語でも行為や状態の継続時間を表すのに「1 時間」を用いることができ、変化結果に至るまでの時間を示す場合には「1 時間で」が使用できるのである。

　なお、walk のような活動動詞は着点表現を付加することもできる。その場合、(8b)で示されるように、(8a)では共起できなかった in one hour が共起できるようになる。また、(9)で示されているように、日本語の「歩く」のような動詞でも同様の現象が観察できる。

（ 8 ）a.　 *John walked in one hour.

　　　 b.　　John walked to the station in one hour.

（ 9 ）a.　 *学生が 1 時間で歩いた。

　　　 b.　　学生が駅まで 1 時間で歩いた。

活動動詞 walk と「歩く」は、変化のない行為の意味を表すが、walk と「歩く」に to the station や「駅まで」のような着点表現を加えると、目標まで到達するという変化の意味を表すようになる。つまり、walk や「歩く」と walk to the station や「駅まで歩く」がカバーする意味範囲が(10)のように異なってくるのである。

(10)　　　　　　　　　　　　　〈行為〉　→　〈変化〉　→　〈結果状態〉

   a.　walk、歩く：　　　＝＝＝＝

   b.　walk to the station
　　駅まで歩く ：　　　＝＝＝＝　　　＝＝＝＝　　　　　＝＝＝＝

walk と「歩く」は単独では、変化のない活動を表すので in one hour や「1時間で」とは共起できない。しかし、to the station や「駅まで」のように着点表現が加えられると、移動の結果、駅に到着するという意味が表され、in one hour や「1時間で」が共起できるようになる。walk や「歩く」のような活動動詞は着点のような移動の結果を表す表現が現れると(10b)に示されるように達成動詞の意味構造を持つようになるのである。

考えてみよう

★「あの子はおとなしい」と「あの子はおとなしくしている」の2つの文が表す意味の違いについて考えてみよう。

★「燃えた紙を捨てた」「生きた化石を見た」「生きた心地がしない」と言うことはできる。しかし、「この紙は燃えた」とは言えても「*この化石は生きた」や「*この心地は生きた」と言うのは変である。なぜだろうか。考えてみよう。

第15章　語彙的アスペクトと進行形

15.1　英語の進行形と日本語の「ている」

　英語では、動詞を進行形にすることで出来事の進行を表すことができる。日本語では、同じ進行の意味を動詞に「ている」を付けることによって表すことができる。しかし、英語も日本語も進行形や「ている」形で常に進行の意味を表すわけではなく、動詞のクラスによってどのような意味を表すかが変わってくる。同じクラスの動詞に付く場合でも、日本語の「ている」形と英語の進行形では異なる意味を表すこともある。以下では、このことを活動動詞・到達動詞・達成動詞・状態動詞の順で見ていく。

　活動動詞は、英語で進行形にしても日本語で「ている」形にしても出来事の進行の意味を表す。例えば、(1a)の is walking と(1b)の「歩いている」は、ともに「歩行する」という動作が進行中であるという意味を表す。

(1)a.　Mary is walking along the river.
　　b.　彼がキャンパス内を歩いている。

(1a)と(1b)はともに行為の行われている時間の全体ではなく、ある短い時間の区切りにおいて歩行の行為が成り立っていることを意味する。動詞の意味を使役関係(因果関係)の観点から見ると、walk や「歩く」のような活動動詞は、(2)のように行為の意味だけを表し、-ing 形や「ている」形にすると動詞の表す意味の一部を切り取る。

（２）　　　　　　　　　　　　〈行為〉　→　〈変化〉　→　〈結果状態〉
　　　walking, 歩いている：＝＝＝＝＝

活動動詞が -ing 形や「ている」形になると、行為の一部分が取り出され、
その結果、（出来事の）「進行」の意味が表わされるのである。
　到達動詞の場合は、-ing 形や「ている」形で異なる意味が表される。（3a）
の英語は、列車の到着がもうすぐ実現するという近い未来の意味を表す。こ
れに対して、（3b）の日本語は、列車がすでに到着しているという完了した
事態を表す。

（３）a.　The train is arriving at Platform 8.
　　　b.　列車が 8 番ホームに到着している。

英語の arrive の -ing 形と日本語の「到着する」の「ている」形では異なる
意味を表すのである。
　到達動詞の〈変化〉の部分は変化に至る前の事態と変化が完了した後の事
態から成り立っている。（3）の arrive と「到着する」では、到着していない
事態から到着している事態に至る変化に時間の幅が想定できる。英語の
arrive では、（4）で示されるように完結する前の事態の一部を -ing 形が切り
取ると考えられる。

（４）　　　　　　　　　　　　〈行為〉　→　〈変化〉　→　〈結果状態〉
　　　arriving：　　　　　　　　　　＝＝＝＝＝　　　　＝＝＝＝＝

到達動詞の -ing 形は〈変化〉の完了する以前の事態（列車が移動中であると
いう事態）の一部を取り出すために、（3a）の進行形の is arriving は、「まだ到
着には至っていない」という意味を表し、その結果、（3a）は「近い未来に列
車が到着する」という意味を表す。
　これに対して、日本語の（3b）の「到着している」は完了の意味を表す。
これは、（5）のように、「ている」形が到着後の結果事態の一部を切り出す

ことによると考えられる。

（5）　　　　　　　　　　〈行為〉　→　〈変化〉　→　〈結果状態〉
　　　到着している：　　　　　　＝＝＝＝＝　　　＝＝＝＝＝

「到着している」の「ている」形は、〈変化〉の完了後の事態、すなわち列車
の到着が実現した後の状態を指すので、（3b）では「列車がすでに到着済み
である」という完了の意味が表されるのである。つまり、到達動詞の is
arriving や「到着している」がそれぞれ変化前と変化後の事態を表すのは、
-ing と「ている」の切り取る出来事の部分が異なるからである。
　到達動詞を -ing 形に変えるためには、変化前の事態から変化に至る事態
までの時間幅が想定できなければならない。英語の到達動詞で、そのような
想定ができない場合は、-ing が事態の一部を切り出すことができず、-ing 形
を作れない。

（6）a.　Harry noticed a scar on his head.
　　　b.　*Harry is noticing a scar on his head.

（6）の notice（気づく）は完結した変化に至るまでの時間幅が想定されない到
達動詞である。notice のように一瞬で変化が完了する出来事を表す動詞では
（6b）のように -ing を付けることができない。これに対して、日本語では
notice に対応する意味を表す「気づく」に「ている」を付けてもまったく問
題はない。

（7）　彼はそのことに気づいている。

（7）は完了の意味を表す。変化が一瞬にして起こる「気づく」のような到達
動詞でも、変化が完了した後の事態には時間幅が想定できるので、（完了後
の）事態の一部を切り出せるのである。
　達成動詞の場合には英語も日本語も進行の意味を表す。（8）の進行形の is

drawing (a circle) や「円を描いている」は円を描く行為が進行中であるという意味を表す。

(8)a.　John is drawing a circle.
　　 b.　あの人は円を描いている。

進行の意味が生じるのは、(8)の2つの文がともに、(9)のように行為の一部を切り出しているからである。

(9)　　　　　　　　　〈行為〉　→　〈変化〉　→　〈結果状態〉
　　　drawing a circle
　　　円を描いている　: ＝＝＝＝＝　＝＝＝＝＝　＝＝＝＝＝

ちなみに、達成動詞の場合、行為の進行に伴って、完結した変化結果に至るまでの事態も同時に進行していく。動詞が記述する変化(円を描く際に起こる線が引かれていくという変化)は漸次的に進行する。達成動詞の記述する変化は、arrive や「到達する」のような到達動詞の表す瞬時に終わる変化とは異なる。
　活動動詞と達成動詞は、-ing 形や「ている」形にして事態の一部を切り出した場合、ともに進行の意味を表すが、進行する事態の性質は異なる。活動動詞 walked を進行形の was walking にした場合、「歩く」という行為の一部分を取り出すことになるが、それでも「歩く」という行為は成立する。

(10)　John was walking.　──→　John walked.

つまり、「歩いていた」という行為の部分を表す事態が成立するならば、必然的に「歩いた」という事態も成立するのである。これに対して、drew a cirle を進行形にした was drawing a circle の場合は、「円を描く行為」を行っていたとしても「円が描かれた」ことにはならない。

(11)　　John was drawing a circle.　　—/→　　John drew a circle.

「円を描く行為」の一部のみ（途中経過）が成立する場合、「円の一部」ができあがるだけなので、そこで止まってしまうと、「円」は描かれなかったことになるのである。このように、活動動詞の進行形 was walking では、「歩く」行為の一部が成立すると、「歩く」行為そのものが成立したことになる。一方で、達成動詞の進行形 was drawing a circle は行為（の一部）を含意はしても円の完成までは含意しないという現象が起こっている。(11)のような達成動詞の進行形に関する問題は**未完了パラドックス（imperfective paradox）**と呼ばれる。

　最後に、状態動詞について考えてみる。英語では、live（住んでいる）のように -ing 形になるものと know（知っている）のように -ing 形にならないものが存在する。

(12)a.　　John is living in New York.

　　　b.　　*John is knowing the results.

状態動詞 live（住んでいる）は -ing を付けられる。live を(12a)のように進行形にした場合、(13)のように状態の意味の一部が切り出されると考えられる。

(13)　　　　　　　〈状態〉

　　living：　= = = = =

(13)の -ing の切り出し機能により、(12a)は、恒久的な事態ではなく一時的な事態を表すことになる。つまり、(12a)には、New York にずっと住むのではなく、ある一定期間のみ居住するというニュアンスが生じるのである。これに対して、(12b)の know（知っている）のような状態動詞は -ing を付けられない。これは、知っているということが恒久的な状態であり、一時的な状態が想定できないからである。

　日本語の「ている」も状態の意味の一部を取り出していると考えることができる。日本語は、英語に比べて状態動詞の数が少ないが（「ある、いる、違う、わかる、できる、見える」など）、日本語の場合も、「ている」を付けられる状態動詞と付けられない状態動詞がある。

(14)a.　その答えは {違う／違っている}。
　　b.　山田先生が研究室に {いる／*いている}。

(14b)の「いる」は「ている」形にできないが、(14a)の「違う」は「ている」を付けることができる。「答えが違う」と「答えが違っている」はどちらも答えが合っていないという事態の意味を表す。日本語の場合、英語のように形式によって一時的であるか恒常的であるかのニュアンスの違いは必ずしもはっきり出るとは限らないが、「見える」と「見えている」のように、一時的な状態か恒久的な状態かの違いがはっきり出るものもある。
　状態動詞の場合、切り取った部分の事態が成立するのであれば、その他の部分の事態も同様に成立するので、結局、ニュアンスの違いはあっても、英語の状態動詞の進行形の be living と単純形の live、そして日本語の「違う」と「違っている」は基本的に同じ状況（状態）を記述することになる。

15.2　もう１つの動詞４分類

　動詞は、語彙的アスペクトにより「状態(state)」、「活動(activity)」、「到達(achievement)」、「達成(accomplishment)」に分類ができる（「Vendler の４分類」）。日本語で、「ている」形の動詞で表される意味には、大きく分けて「進行」と「完了」があり、進行を表す動詞は活動動詞と達成動詞、完了を表す動詞は到達動詞で、そして、「状態動詞」には「ている」が付きにくい。「ている」が表す意味の点から考えると、活動動詞と達成動詞をひとつにまとめるという分析も可能である。実際、日本語の研究ではそのような分類として「状態動詞」、「継続動詞」、「瞬間動詞」、「第４種の動詞」という分類が提案されている。この分類は、提案者の金田一春彦の名前をとって、

金田一の 4 分類と呼ばれる。

　金田一の分類では、動詞に「ている」を付けてどのような意味が表される
かで動詞が分類される。状態の意味を表す「状態動詞」は第 1 種の動詞と
され、「継続動詞」は第 2 種の動詞とされている。継続動詞は、動作や作用
が一定時間続くという意味を表し、Vendler の分類では、「活動動詞」「達成
動詞」の 2 つがここに入る。「瞬間動詞」は第 3 種の動詞で、動作や作用が
瞬間的に終わるタイプの動詞が入る。Vendler の分類では「到達動詞」がこ
れに対応する。(15)は金田一の分類と Vendler の分類の対応関係を示してい
る。

(15)　　金田一の分類　　　　Vender の分類

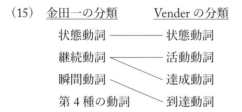

金田一の 4 分類は、Vendler の分類と似ているが異なる点もある。金田一の
分類で特徴的なのは Vendler の分類にはない**第 4 種の動詞**という動詞がある
ことである。第 4 種の動詞には、(14)のような「ている」を付けないと用
いることができない動詞が入る。

(16)a.　　その考えは ｛バカげている／*バカげる｝。

　　b.　　この選手は大変 ｛優れている／*優れる｝。

日本語の動詞「バカげる」や「優れる」は「ている」を伴わないと(16)に
示されているように文が成立しない。同様の振る舞いをする動詞には、他に
「ずば抜ける」「ありふれる」などがある。英語に第 4 種の動詞があるとす
れば、-ing 形にしなければ使えない動詞ということになるはずであるが、英
語にはそのような動詞は存在しない。

考えてみよう

★「*彼は昨日働く」とは言えないのに「彼は昨日働いている」とは自然に言える。これに対して、「*彼は明日働いた」も「*彼は明日働いていた」も変に感じる。なぜだろうか。考えてみよう。

★「道路が山間を走っている」はいいのに、「*道路が山間を走る」や「*道路が山間を疾走している」が変なのはなぜだろうか。「山間を走る道路」や「山間を走っている道路」は可能だが、「*山間を走った道路」が変なのはなぜだろうか。考えてみよう。

文献案内

　語彙意味論について書かれた入門書やテキストは、あまり多くないものの、それでもここで網羅することはできないので、以下では日本語と英語で書かれた比較的読みやすいものと、理論面において技術的な知識を必要とするが、重要な言語事実が多く議論されている専門書を紹介する。併せて、専門用語の定義・概念を知るのに便利な辞典類も紹介する。

（1）　入門書

●『レキシコンに潜む文法とダイナミズム』由本陽子著、開拓社、2011 年
　本書で一部紹介した複合動詞など、日本語と英語の具体的な言語事実を取り上げて語彙の規則性を議論している。

●『英語学の基礎』三原健一・高見健一編、くろしお出版、2013 年
　第 5 章「語彙意味論」において語のさまざまな意味関係について平易に解説されている。また、本書の旧版に当たる『日英語対照による英語学概論（増補版）』（西光義弘編、くろしお出版、1999 年）にもレキシコンの章（第 2 章「形態論とレキシコン」）がある。

●『形態論』漆原朗子編、朝倉書店、2016 年
　本書では、第 2 章の「語彙部門」にレキシコンに関する記述があり、語の内部構造や語と統語の関係などについて平易に解説されている。また第 3 章の「派生形態論」に複合や複合語のしくみに関する平易な解説がある。

●『生成意味論入門』阿部潤著、開拓社、2018 年
　第 2 章において、語彙意味論に関する解説がされている。Vendler（1967）

の分類、動詞と項の意味関係、項がどのように統語上現れるかなどについて説明されている。また、語彙概念構造の記述に関しても書かれている。

● 『動詞の意味を分解する——様態・結果・状態の語彙意味論——』
　出水孝典著、開拓社、2018 年
　　本書では、Beth Levin と Malka Rappaport Hovav によって提出された「様態・結果の相補性」という考えにまつわる言語事実と彼女たちの理論体系について解説されている。筆者の考えも付け加えながら、動詞の意味がどのように分析できるかについて論じられている。

● 『続・動詞の意味を分解する——変化の尺度・目的動詞・他動性——』
　出水孝典著、開拓社、2019 年
　　本書は、『動詞の意味を分解する』(開拓社、2018 年) の続編で、「様態・結果の相補性」にまつわる議論の経緯・進展について解説している。そのほか、動詞の意味を考える上でしばしば議論される「多義性」や「他動性」に関しても具体的な議論が展開されている。

● Kearns, Kate (2000). *Semantics*. Macmillan.
　　第 9 章において動詞の語彙的アスペクトが決定される基準や動詞の各クラスの語彙的アスペクトについて具体的にわかりやすく述べられている。

● Wechsler, Stephen (2015). *Word Meaning and Syntax*. Oxford University Press.
　　語彙の意味関係や、語彙の意味と統語の関係について解説されている。理論面で技術的な議論も出てくるが比較的読みやすい。

● 『英語の語の仕組みと音韻との関係』米倉綽・島村礼子・西原哲雄著、開拓社、2019 年
　　第 2 章において、本書でも扱っている複合名詞(「形容詞＋名詞」形複合語、「名詞＋名詞」形複合語、所有格複合語など)に関する詳しい解説が形態的な側面を中心になされている。

●『構文間の交替現象』岸本秀樹・岡田禎之著、朝倉書店、2020 年
　本書の第 9 章で紹介している場所格交替、第 11 章で紹介している自他交替を含めた、英語のさまざまな構文交替について解説されている。どのような例が可能で、どうのような例が不可能であるのかにまつわる文法の制約に関してもわかりやすく解説されている。

(2)　より専門的な文献

●『文法と語形成』影山太郎著、ひつじ書房、1993 年
　語形成が語彙部門と統語部門の両方で起こることについて詳しく分析されている。本書で紹介した日本語の複合動詞やデキゴト名詞・モノ名詞などについて詳しい分析が展開されている。

●『動詞意味論 —— 言語と認知の接点 ——』影山太郎著、くろしお出版、1996 年
　日英語の動詞の意味のしくみに関して分析している。内容的には高度だが、非対格性、自他交替、結果構文など、多くの言語事実に関する有用な議論が展開されている。

●『日英対照　動詞の意味と構文』影山太郎編、大修館書店、2001 年
　動詞の意味がどのように構文の形成に関係するかについて英語と日本語を対照させながら解説されている。また、同じシリーズに『日英対照　形容詞・副詞の意味と構文』(影山太郎編、大修館書店、2009 年)と『日英対照　名詞の意味と構文』(影山太郎編、大修館書店、2011 年)がある。

●『語の仕組みと語形成』伊藤たかね・杉岡洋子著、研究社、2002 年
　日本語と英語の語形成のさまざまな現象を取り上げながら、語彙の形や意味、および語形成の規則性について詳しい分析がなされている。

●『複合動詞・派生動詞の意味と統語 —— モジュール形態論から見た日英語

の動詞形成──』由本陽子著、ひつじ書房、2005 年
　本書で紹介した日本語の複合動詞に見られる意味関係について詳しい分析が展開されている。

●『生成語彙意味論』小野尚之著、くろしお出版、2005 年
　ことばに多義性が生じる仕組みなどについて、日本語と英語の言語現象をとりあげて生成語彙論(Generative Lexicon)による分析を提示している。

● Pinker, Steven (1989). *Learnability and Cognition: The Acquisition of Argument Structure*. MIT Press.
　こどもが母語を獲得する言語獲得の立場から構文交替などの現象を考察し、動詞の意味と構文に関する規則性について多くの議論が展開されている。

● Jackendoff, Ray (1990). *Semantic Structures*. MIT Press.
　動詞の意味によって異なる構文が形成されるという事実を、「概念構造」という理論装置を用いた分析によって明快に示している。

● Grimshaw, Jane (1990). *Argument Structure*. MIT Press.
　動詞や名詞における項構造に関して詳細な分析が行われている。本書で紹介したデキゴト名詞・モノ名詞について英語に関する詳しい議論が展開されている。

● Spencer, Andrew (1991). *Morphological Theory*. Blackwell.
　刊行から少し時間が経っているが、それまでの形態論に関する主要な理論が詳細に紹介されており、語彙の意味を考える上でも重要な議論が展開されている。そして、現在でも有用な議論や重要な事実が多く示されている。

● Levin, Beth and Malka Rappaport Hovav (1995). *Unaccusativity: At the Syntax-Lexical Semantics Interface*. MIT Press.

　本書で一部紹介した非対格性についてさまざまな構文に対する詳しい分析が展開されている。

● Taylor, R. John (1996). *Possessives in English*. Oxford University Press.
　本書で紹介した所有格複合語など、英語の所有表現のうち属格名詞句を詳細に分析している。

(3)　辞典類

●『最新英語学・言語学用語辞典』中野弘三・服部義弘・小野隆啓・西原哲雄監修、開拓社、2015 年
　言語学の分野を 11 に分けた上で、さまざまな重要な用語の解説がなされている。主に「形態論・レキシコン」の分野において、本書に関連する用語が説明されている。

参考文献

Ackema, Peter and Ad Neelman (2004). *Beyond Morphology: Interface Conditions on Word Formation.* Oxford: Oxford University Press.

Alexiadou, Artemis, Elena Anagnostopoulou, and Florian Schäfer (2015). *External Arguments in Transitivity Alternations.* Oxford: Oxford University Press.

Allen, Margaret (1978). *Morphological Investigations.* Ph.D. dissertation, University of Connecticut, Storrs.

Aronoff, Mark (1976). *Word Formation in Generative Grammar.* Cambridge, MA: MIT Press.

Aronoff, Mark and Kirsten Fudeman (2005). *What Is Morphology?* Malden, MA: Blackwell.

Anderson, Stephan R. (1982). "Where's morphology?" *Linguistic Inquiry* 13, 571–612.

Anderson, Stephen R. (1992). *A-Morphous Morphology.* Cambridge: Cambridge University Press.

Booij, Geert (2012). *The Grammar of Words.* 3rd ed. Oxford: Oxford University Press.

Botha, Rudolf P. (1984). *Morphological Mechanisms: Lexicalist Analyses of Synthetic Compounding.* Oxford: Pargamon Press.

Bresnan, Joan (1982). "The passive in lexical theory." In Joan Bresnan (ed.) *The Mental Representation of Grammatical Relations*, 3–86. Cambridge, MA: MIT Press.

Bruzio, Luigi (1986). *Italian Syntax: A Government and Binding Approach.* Dordrecht: Reidel.

Chomsky, Noam (1970). "Remarks on nominalization." In Roderick A. Jacobs and Peter Rosenbaum (eds.), *Readings in English Transformational Grammar*, 184–221. Waltham, MA: Ginn.

Chomsky, Noam (1981). *Lectures on Government and Binding.* Dordrecht: Foris.

Clark, Eve V. and Herbert H. Clark (1979). "When nouns surface as verbs." *Language* 55, 767–811.

Comrie, Bernard (1976). *Aspect.* Cambridge: Cambridge University Press.

Cruse, D. A. (1986). *Lexical Semantics.* Cambridge: Cambridge University Press.

Di Sciullo, Anna-Maria and Edwin Williams (1987). *On the Definition of Word.* Cambridge, MA: MIT Press.

Dowty, David R. (1979). *Word Meaning and Montague Grammar.* Dordrecht: Kluwer.

Fillmore, Charles J. (1968). "The case for case." In Emond Bach and Robert T. Harms (eds.) *Univrsals in Linguistic Theory*, 1–88. New York: Holt, Rinehart, and Winston.

124

Foley, William and Robert Van Valin Jr. (1984). *Functional Syntax and Universal Grammar*. Cambridge: Cambridge University Press.

Grimshaw, Jane (1990). *Argument Structure*. Cambridge, MA: MIT Press.

Grimshaw, Jane and Armin Mester (1988). "Light verbs and θ-marking." *Linguistic Inquiry* 19, 205–232.

Gruber, Jeffrey S. (1965). *Studies in Lexical Relations*. Doctoral dissertation, MIT.

Guerssel, M., K. Hale, M. Laughren, B. Levin, and J. W. Eagle (1985). "A cross-linguistic study of transitivity alternations." *Papers from the Parasession on Causatives and Agentivity, CLS* 21, 48–63.

Halle, Morris and Alec Marantz (1993). "Distributed Morphology and pieces of inflection." In Ken Hale and Samuel Jay Keyser (eds.), *The View from Building 20: Essays in Linguistics in Honor of Sylvian Bromberger*, 111–176. Cambridge, MA: MIT Press.

Haspelmath, Martin (2002). *Understanding Morphology*. London: Arnold.

姫野昌子(1999).『複合動詞の構造と意味用法』ひつじ書房.

伊藤たかね・杉岡洋子(2002).『語の仕組みと語形成』研究社.

Jackendoff, Ray (1972). *Semantic Interpretation in Generative Grammar*. Cambridge, MA: MIT Press.

Jackendoff, Ray (1983). *Semantics and Cognition*. Cambridge, MA: MIT Press.

Jackendoff, Ray (1990). *Semantic Structures*. Cambridge, MA: MIT Press.

Kageyama, Taro (1982). "Word formation in Japanese." *Lingua* 57, 215–258.

影山太郎(1993).『文法と語形成』ひつじ書房.

影山太郎(1996).『動詞意味論――言語と認知の接点――』くろしお出版.

影山太郎(1999).『形態論と意味』くろしお出版.

影山太郎・由本陽子(1997).『語形成と概念構造』研究社.

影山太郎(編)(2001).『日英対照　動詞の意味と構文』大修館書店.

影山太郎(編)(2009).『日英対照　形容詞・副詞の意味と構文』大修館書店.

影山太郎(編)(2011).『日英対照　名詞の意味と構文』大修館書店.

Kageyama, Taro (2016). "Verb-compounding and verb-incorporation." In Taro Kageyama and Hideki Kishimoto (eds.) *Handbook of Japanese Lexicon and Word Formation*, 273–310. Berlin: Mouton de Gruyter.

Kearns, Kate (2000). *Semantics*. New York: Palgrave Macmillan.

Keyser, Samuel and Thomas Roeper (1984). "On the middle and ergative constructions in English." *Linguistic Inquiry* 15, 381–416.

金田一春彦(1950).「国語動詞の一分類」『言語研究』15, 48–63.　金田一春彦(編) (1976).『日本語動詞のアスペクト』(むぎ書房)に再録.

Kiparsky, Paul (1982). "Lexical Morphology and Phonology." *Linguistics in the Morning*

Calm: Selected Papers from SICOL-1981, 3–91.

Kiparsky, Paul (1985). *Morphology and Grammatical Relations*. unpublished ms. Stanford, CA: Stanford University.

Kiparsky, Paul (1997). "Remarks on denominal verbs." In Alex Alsina et al. (eds.) *Complex Predicates*, 473–499. Stanford, CA: CSLI.

岸本秀樹(2001).「壁塗り構文」影山太郎(編)『日英対照　動詞の意味と構文』100–126.　大修館書店.

岸本秀樹(2005).『統語構造と文法関係』くろしお出版.

Kishimoto, Hideki (2016). "Idioms." In Taro Kageyama and Hideki Kishimoto (eds.) *Handbook of Japanese Lexicon and Word Formation*, 665–702. Berlin: De Gruyter Mouton.

国広哲弥(1982).『意味論の方法』大修館書店.

Lees, Robert B. (1960). *The Grammar of English Nominalization*. Bloomingdale: Indiana University.

Levin, Beth (1993). *English Verb Classes and Alternations*. Chicago: University of Chicago Press.

Levin, Beth and Malka Rappaport Hovav (1995). *Unaccusativity*. Cambridge, MA: MIT Press.

Lieber, Rochelle (1992). *Deconstructing Morphology*. Chicago: University of Chicago Press.

Martin, Samuel (1975). *A Reference Grammar of Japanese*. New York: Yale University Press.

Matsumoto, Yo (1996). *Complex Predicates in Japanese*. Stanford, CA: CSLI and Tokyo: Kurosio Publishers.

松本曜(1998).「日本語の語彙的複合動詞における動詞の組み合わせ」『言語研究』114, 37–83.

小野尚之(2005).『生成語彙意味論』くろしお出版.

Perlmutter, David (1978). "Impersonal passives and the unaccusative hypothesis." *BLS* 4, 157–189.

Perlmutter, David and Paul Postal (1984). "The 1-advancement exclusiveness law." In D. Perlmutter and C. Rosen (eds.) *Studies in Relational Grammar 2*, 81–125. Chicago: Univeristy of Chicago Press.

Perlmutter, David (1988). "The split morphology hypothesis: Evidence from Yiddish." In Michael Hammond and Michael Noonan (eds.), *Theoretical Morphology: Approaches in Modern linguistics*, 79–100. San Diego: Academic Press.

Pinker, Steven (1989). *Learnability and Cognition*. Cambridge, MA: MIT Press.

Pinker, Steven (2007). *The Stuff of Thought: Language As a Window Into Human Nature*. London: Penguin Books.

Postal, Paul (1969). "Anaphoric islands." *Papers from the Fifth Regional Meeting of the Chicago*

Linguistic Society, 205–239.

Pustejovsky, James (1995). *The Generative Lexicon*. Cambridge, MA: MIT Press.

Pesetsky, David (1985). "Morphology and logical form." *Linguistic Inquiry* 16, 193–346.

Randall, Janet H. (1985). *Morphological Structure and Language Acquisition*. New York: Garland.

Randall, Janet H. (2010). *Linking: The Geometry of Argument Structure*. Springer: Dordrecht.

Rappaport Hovav, Malka and Beth Levin (1988). "What to Do with θ -roles." In W. Wilkins (ed.) *Thematic Relations: Syntax and Semantics* 21, 7–36. New York: Academic Press.

Rappaport Hovav, Malka and Beth Levin (1992). "*-er* nominals: Implications for a theory of argument structure." In Tim Stowell and Eric Wehrli (eds.) *Syntax and Semantics 26: Syntax and the Lexicon*, 127–153. New York: Academic Press.

Rappaport Hovav, Malka and Beth Levin (1998). "Building verb meanings." In Miriam Butt and Wilhelm Geuder (eds.) *The Projection of Arguments: Lexical and Compositional Factors*, 97–134. Stanford, CA : CSLI.

Ravin, Yael (1990). *Lexical Semantics without Thematic Roles*. Oxford: Clarendon Press.

Roeper, Thomas (1987). "Implicit arguments and the head-complement relation." *Linguistic Inquiry* 18, 267–310.

Roeper, Thomas and Muffy Siegel (1978). "A lexical transformation for verbal compounds." *Linguistic Inquiry* 9, 199–260.

Selkirk, Elizabeth (1982). *The Syntax of Words*. Cambridge, MA: MIT Press.

Siegel, Dorothy (1974). *Topics in English Morphology*. Ph.D. dissertation, MIT.

Spencer, Andrew (1991). *Morphological Theory*. Oxford: Blackwell.

Sugioka, Yoko (1986). *Interaction of derivational morphology and syntax in Japanese and English*. New York: Garland.

Tenny, Carol and James Pustejovsky (eds.) (2000). *Events as Grammatical Objects*. Stanford, CA: CSLI.

Tenny, Carol (1994). *Aspectual Roles and the Syntax-Semantics Interface*. Dordrecht: Kluwer.

Vendler, Zeno (1967). *Linguistics in Philosophy*. Ithaca, NY: Cornell University Press.

Wasow, Thomas (1977). "Transformations and the Lexicon." In Adrian Akmajian, Peter Culicover, and Thomas Wasow (eds.), *Formal Syntax*, 327–360. New York: Academic Press.

Wechsler, Stephen (2015). *Word Meaning and Syntax*. New York: Oxford University Press.

Williams, Edwin (1981a). "On the notions 'lexically related' and 'head of a word' ." *Linguistic Inquiry* 12, 245–274.

Williams, Edwin (1981b). "Argument structure and morphology." *The Linguistic Review* 1, 81–114.

于一楽(2012).「「ホッチキスする」と「お茶する」の語彙意味論と形態論」『北研學刊』
　　　8, 113–120.
由本陽子(2005).『複合動詞・派生動詞の意味と統語 —— モジュール形態論から見た
　　　日英語の動詞形成 ——』ひつじ書房.
由本陽子(2011).『レキシコンに潜む文法とダイナミズム』開拓社.

索引

130

【著者紹介】

岸本秀樹（きしもと ひでき）

神戸大学大学院文化学研究科修了。神戸大学大学院人文学研究
科教授。

専門：統語論、語彙意味論

主な著書と論文：*Analyzing Japanese Synax: A Generative Perspective*
（2020, ひつじ書房 ）、*Handbook of Japanese Lexicon and Word
Formation* (ed. with Taro Kageyama, 2016, De Gruyter Mouton) な
ど。

于一楽（う いちらく）

神戸大学大学院人文学研究科修了。滋賀大学教育学部准教授。

専門：語彙意味論

主な著書と論文：「ナル述語における項の選択とクオリア構造」
『統語構造と語彙の多角的研究—岸本秀樹教授還暦記念論文
集—』(江口清子・木戸康人・眞野美穂と共編、2020、開拓
社)、『中国語の非動作主卓越構文』(2018、くろしお出版) な
ど。

語彙意味論

A Basic Guide to Lexical Semantics
Hideki Kishimoto and Yile Yu

発行	2021 年 2 月 18 日　初版 1 刷
定価	1700 円＋税
著者	ⓒ 岸本秀樹・于一楽
発行者	松本功
装丁	大崎善治
印刷・製本所	亜細亜印刷株式会社
発行所	株式会社 ひつじ書房

〒 112-0011 東京都文京区千石 2-1-2 大和ビル 2F
Tel.03-5319-4916　Fax.03-5319-4917
郵便振替 00120-8-142852
toiawase@hituzi.co.jp　https://www.hituzi.co.jp/

ISBN978-4-8234-1044-4　C1080

ベーシックシリーズ

刊行書籍のご案内

Analyzing Japanese Syntax   A Generative Perspective
岸本秀樹著　定価 2,600 円 + 税